**RAFAEL FENTE**
Universidad de Granada

**JESUS FERNANDEZ**
Universidad de Madrid

**LOPE G. FEIJOO**
Universidad de Madrid

**JOSE SILES**
Universidad de Madrid

# CURSO INTENSIVO DE ESPAÑOL

## EJERCICIOS PRACTICOS

### NIVELES ELEMENTAL E **INTERMEDIO**

NOVENA EDICION

**EDI - 6, S. A.**
General Oráa, 32
MADRID - 6

Primera edición, 1971
Segunda edición, 1972
Tercera edición, 1974
Cuarta edición, 1975
Quinta edición, 1977
Sexta edición, 1978
Séptima edición, 1980
Octava edición, 1981
Novena edición, 1983

ISBN  84-85786-23-8

Depósito legal: M. 1036-1983

**Impreso en España - Printed in Spain**

Selecciones Gráficas. Carretera de Irún, km. 11,500. Madrid (1983)

# NOTA A LA NOVENA EDICION

*El libro que el lector tiene en sus manos procede del que, con el mismo título, ha alcanzado ocho ediciones desde su aparición en 1972. En esa no breve andadura ha sido utilizado en aulas de español de todo el mundo, integrado en nuestro* Curso Intensivo, *que con el transcurso del tiempo ha ido afianzando un perfil propio dentro del campo al que pertenece.*

*La presente obra, pues, tiene una primera etapa a sus espaldas, en la que, junto a su favorable acogida y consolidación en el ámbito de la enseñanza del español a extranjeros, se dio también la infortunada desaparición de uno de sus coautores, Lope González Feijóo, al que aquí dedicamos un cálido recuerdo.*

*Ahora, con la publicación de esta novena edición, se inicia una segunda etapa que viene condicionada por una necesidad de poner al día el texto originario y, principalmente, por dar al libro una nueva función dentro del conjunto de* Curso Intensivo. *En la etapa anterior el presente título correspondía al libro primero de la serie, la cual constaba de dos libros. En la etapa presente corresponde al libro segundo, pues la serie se ha visto incrementada por abajo; desde el otoño de 1982 contamos con un nuevo libro que cubre todo el campo de la iniciación absoluta, y que constituye el actual libro primero.*

*En definitiva, ha habido un corrimiento en la escala, para lograr el cual, el antiguo nivel* elemental-intermedio *ha sido transformado de la siguiente manera: se han suprimido algunos ejercicios que hemos considerado impropios del segundo nivel por haber sido abordados minuciosamente en el libro de* iniciación. *Los restantes ejercicios del antiguo* elemental *han sido sometidos a una revisión y refundición totales para*

5

*lograr una mayor eficacia y operatividad didácticas. A ese «corpus» refundido y revisado se ha añadido casi un 50% de ejercicios nuevos que cubren a nuestro juicio todo el área de este segundo nivel, en consonancia con el proyecto global de* Curso Intensivo de español; *a saber: tres libros graduados y consecutivos de ejercicios y dos gramáticas que los acompañen. En concreto, hasta la unidad 21 del presente libro hemos mantenido la continuidad con el precedente; es decir, el exhaustivo tratamiento de la oración simple, iniciando a partir de dicha unidad el tratamiento de la sintaxis de la oración compuesta, reflejada en el modo subjuntivo, uso de los tiempos compuestos, etc.*

*Desde este momento se entra en el nivel auténticamente* intermedio *del libro. De todo lo anterior se puede deducir que* Curso Intensivo de español, *niveles elemental e intermedio, en su novena edición, es un libro prácticamente nuevo con relación a sus ocho ediciones anteriores.*

*Para que el profesor o alumno tengan una visión completa de las «novedades» de la presente edición, puede consultar, de un lado, el «índice por unidades didácticas», y de otro, el «índice alfabético de conceptos», que exhaustiva y minuciosamente reflejan el contenido del libro, constituyendo a su vez dos nuevas aportaciones. Ambos índices permiten a profesores y alumnos un doble manejo: ya como un libro de ejercicios tradicional, ya como un método siguiendo linealmente la secuencialización de sus unidades.*

*El libro va acompañado de una* clave y guía didáctica *a semejanza del recién aparecido,* niveles de *iniciación y* elemental.

*Ésta es una nueva y no menos ilusionada singladura de* Curso Intensivo, *y si en ella se refleja más la experiencia adquirida por los años, no por eso desciende nuestra expectación ante la acogida que reciba entre colegas y alumnos que son siempre los que tienen la última palabra. Por último, como la inserción de su nombre indica, nos cabe comunicar que a este libro se ha incorporado como coautor José Siles Artés, participante también en los otros dos de la serie.*

RAFAEL FENTE GÓMEZ
JESÚS FERNÁNDEZ ÁLVAREZ
JOSÉ SILES ARTÉS

Madrid, enero de 1983.

6

# INTRODUCCION

*Aparece con este libro la primera parte del* Curso Intensivo de español, *a nivel elemental e intermedio, que complementa el que con el mismo título y orientado hacia los niveles intermedio y superior, se publicó en el año 1967.*

*La presente obra, por consiguiente, tiene como finalidad el completar el ciclo de ejercicios prácticos a todos los niveles de enseñanza de la lengua española a extranjeros.*

*Continúa siendo nuestra preocupación principal el mantener la ordenación lógica de los problemas gramaticales y léxicos según el grado de dificultad que tradicionalmente se plantea a los estudiantes extranjeros en el aprendizaje de nuestra lengua; pero a diferencia de nuestro primer libro, el primer ciclo (por ser estrictamente elemental) presenta en sus unidades didácticas una variedad de ejercicios que siguen un criterio tradicional de presentación de los problemas morfológicos más básicos en el terreno del verbo, adjetivo, sustantivo, concordancia, pronombres, etc., con el fin de dotar al estudiante de los elementos imprescindibles para echar a andar por el arduo camino de la lengua.*

*El segundo ciclo, sin embargo, sigue una ordenación más similar a la del primer libro; es decir, se toma el verbo y su sintaxis como núcleo central de cada unidad y se acompaña de ejercicios diversos sobre las demás categorías lingüísticas.*

*Cada unidad finaliza con uno o dos ejercicios de léxico que redondean el conjunto y sirven para dar variedad e interés.*

*El libro está pensado para ser utilizado en clase y gran parte de los ejercicios presuponen un conocimiento teórico de la gramática o una explicación del profesor. Se observará que están sistemáticamente trata-*

dos en su totalidad los puntos gramaticales de persistente dificultad para los extranjeros y ello es lo que nos ha movido a introducir una serie de ejercicios, señalados mediante un asterisco, que tal vez puedan parecer excesivamente complicados para un nivel elemental e intermedio, y cuya utilización dejamos al arbitrio del profesor según el grado de aprovechamiento de los alumnos y el tiempo de que se disponga. Hacemos hincapié en la originalidad y conveniencia de algunos de estos ejercicios que no aparecen en la mayoría de los libros de enseñanza de español publicados hasta la fecha y que, sin embargo, consideramos fundamentales por tratarse en su mayoría de estructuras y giros sintácticos de uso muy frecuente en el español de hoy día.

Mantenemos la tónica de emplear un vocabulario vivo y actual desde la primera unidad hasta la última. Las palabras y expresiones de uso inmediato y cotidiano utilizadas en la confección del presente libro se complementan con los ejercicios especiales de léxico que se incluyen en las lecciones.

El libro va acompañado de un índice en el que hemos especificado con la mayor claridad posible los diferentes tipos de ejercicios que lo componen y, también, de una clave de ejercicios que no pretende en modo alguno suplantar la labor del profesor, sino que está concebida como una mera ayuda para el alumno que no disponga de una debida orientación pedagógica.

Esperamos que sepan disculpar los posibles fallos y omisiones que inevitablemente se cometen en toda obra de este tipo, y confiamos en que nuestra ya larga experiencia en el campo de la enseñanza de la lengua española a extranjeros se vea reflejada en esta obra y sea útil a los numerosos colegas y estudiantes de nuestro idioma.

LOS AUTORES.

Madrid, agosto de 1971.

# INDICE POR UNIDADES DIDACTICAS

# PRIMER CICLO

12

# SEGUNDO CICLO

22

# INDICE ALFABETICO DE CONCEPTOS

---

*Nota:* Los números se refieren a los ejercicios.

34

# PRIMER CICLO

**1. Dé la forma apropiada del presente de SER**

1. Vds. ...... Juan y Carmen.
2. Helen ... canadiense.
3. Mi cuñado ...... socialista.
4. ¿No ...... (tú) protestante?
5. Jorge Guillén y Vicente Aleixandre ...... dos grandes poetas españoles.
6. Nosotros ...... militares.
7. ¿Quién de Vds. ...... el electricista?
8. Vosotras no ...... millonarias.

**2. Dé la forma apropiada del presente de SER**

1. Estas cosas no ...... nuestras.
2. Eso ...... muy interesante.
3. Esta copa no ...... de cristal.
4. Ellas no ...... españolas; ...... de Puerto Rico.
5. Esas cortinas ...... marrones.
6. La fiesta ...... el sábado por la noche.
7. Vosotros no ...... los primeros.
8. Hoy ...... lunes.

### 3. Dé la forma apropiada del presente de ESTAR

1. Los vecinos ...... fuera.
2. Acapulco ... en Méjico.
3. ¿Cómo ...... (tú)? (Yo) ...... regular.
4. Nuestro profesor ...... enfermo.
5. La iglesia ... a la izquierda de la plaza.
6. Mariano ...... acostado.
7. Ahora (nosotros) ...... de vacaciones.

### 4. Ponga EL, LA, LOS o LAS delante de las siguientes palabras

| | | |
|---|---|---|
| café | mujer | salud |
| sofá | días | tesis |
| hombre | jardín | animal |
| mano | naranjas | colegio |
| autor | problemas | gafas |
| ciudad | bicicletas | sistemas |

### 5. Deletree las siguientes palabras y haga la separación silábica

| | | |
|---|---|---|
| abrir | fino | caza |
| muy | éxito | pan |
| vino | salsa | bodega |
| garaje | hola | |

### 6. Adjetivos de colores. Conteste a las siguientes preguntas

1. ¿De qué color es la nieve?
2. ¿De qué color es el cielo?
3. ¿De qué color es la sangre?
4. ¿De qué color es la hierba?
5. ¿De qué color son los toros bravos normalmente?
6. ¿De qué color son las hojas de los árboles en otoño?
7. ¿De qué color son las nubes?

**Apuntes de clase**

**7** **Dé la forma apropiada del presente de SER**

1. Mañana ...... seis de septiembre.
2. ...... bueno respirar aire puro.
3. Mi hermana pequeña ...... muy inteligente.
4. Jorge ...... bastante astuto.
5. La secretaria ...... encantadora.
6. (Nosotros) ...... diez alumnos en la clase.

**8.** **Dé la forma correcta del presente de indicativo de los verbos SER o ESTAR**

1. Yo (ser) ...... francés.
2. Ellos (estar) ...... aquí.
3. Vds. no (ser) ...... católicos.
4. Juan (estar) ...... enfermo.
5. Tú (ser) ...... ingeniero.
6. Antoñita (estar) ...... en clase.
7. Eso (ser) ...... fácil.
8. Yo (estar) ...... cansado.
9. Nosotros (ser) ...... españoles.
10. ¿Cómo (estar) ...... Vd.?
11. Vosotros (ser) ...... simpáticos.
12. Ellos (ser) ...... médicos.
13. ¿Dónde (estar) ...... vosotros?
14. Ese lugar (estar) ...... lejos de aquí.
15. ¿Por qué (estar) ...... tú aquí?

### 9) Ponga la forma correcta del presente de los verbos SER o ESTAR, según convenga

1. Nosotros ...... en la clase.
2. Hoy ...... domingo.
3. Enrique ...... protestante.
4. ¿Dónde ...... su abrigo?
5. Vosotros ...... ingleses.
6. El niño ...... dormido.
7. Mi tío ...... abogado.
8. Tú ...... de Granada.
9. Yo ...... contento.
10. Vosotras ...... inteligentes.

### 10) Ponga AL o DEL en las siguientes frases

1. Francia está ...... norte de España.
2. El agua ...... mar no es potable.
3. Voy ...... cine todos los fines de semana.
4. El abrigo ...... muchacho era gris.
5. Me habló ...... libro que había escrito.
6. Recibió la noticia ...... día siguiente.
7. Tenemos que tratar ...... problema de la juventud.
8. He dejado mi coche ...... lado ...... tuyo.
9. Vengo ...... dentista.
10. Los hombres ...... sur son morenos.

### 11. Escríbase el acento sobre la vocal adecuada

| | |
|---|---|
| medico | Perez |
| leccion | papa |
| sofa | lapiz |
| boton | arbol |
| pajaro | despues |
| jardin | detras |

## 12. Complete la frase con la palabra que exija el contexto

1. El Vesubio es un ......
2. París es una ......
3. El Mississipi es un ......
4. Alemania es un ......
5. El Everest es un ......
6. El Atlántico es un ......
7. El Mediterráneo es un ......
8. Cuba es una ......
9. El Titicaca es un ......

**Apuntes de clase**

unidad **3**

**13. Conteste a las siguientes preguntas repitiendo el verbo SER o ESTAR en la persona y tiempo correspondientes**

1. ¿Qué es Vd.?
2. ¿Cómo estás?
3. ¿Dónde está tu hermano?
4. ¿Cuándo es tu cumpleaños?
5. ¿Qué día es hoy?
6. ¿De dónde sois vosotros?
7. ¿Estáis vosotros aquí?
8. ¿Quién está al lado de la ventana?
9. ¿Cómo es la clase?
10. ¿Están Vds. bien?

**14. Dé la forma correcta del presente de los verbos SER o ESTAR, según convenga**

1. ¿Qué hora ......?
2. Madrid ...... la capital de España.
3. Pepe no ...... con ellos.
4. Jesús ya no ...... amigo mío.
5. Aquí ...... donde vivo.
6. Este café ...... frío.
7. La fiesta ...... en mi casa.
8. Rafael ya ...... mejor.
9. Ahora (yo) ...... bien.
10. La boda ...... el lunes próximo.

**15. Ponga la forma correcta del pretérito imperfecto de indicativo de los verbos SER o ESTAR, según convenga**

| | |
|---|---|
| Yo era estudiante | Yo estaba en Valencia |
| Tú ...... | Tú ...... |
| Vd. ...... | Vd. ...... |
| Él ...... | Él ...... |
| Ella ...... | Ella ...... |
| Nosotros(-as) ...... | Nosotros(-as) ...... |
| Vosotros(-as) ...... | Vosotros(-as) ...... |
| Vds. ...... | Vds. ...... |
| Ellos (ellas) ...... | Ellos (ellas) ...... |

**16. Ponga la forma correcta del pretérito indefinido de los verbos SER o ESTAR, según convenga**

| | |
|---|---|
| Yo fui futbolista | Yo estuve en Alemania |
| Tú ...... | Tú ...... |
| Vd. ...... | Vd. ...... |
| Él (ella) ...... | Él (ella) ...... |
| Nosotros(-as) ...... | Nosotros(-as) ...... |
| Vosotros(-as) ...... | Vosotros(-as) ...... |
| Vds. ...... | Vds. ...... |
| Ellos (ellas) ...... | Ellos (ellas) ...... |

**17. Preposiciones A y DE. Elija la adecuada**

1. Ese hombre no es ..de. aquí.
2. ¿Ves .a.. la niña?
3. Nos veremos .a.. la una.
4. Estos vasos son .de. plástico.
5. Te espero ..a.. la salida .de. la oficina.

## 18.   Dígase el femenino de las siguientes palabras

hombre          actor
rey             padrino
príncipe        caballo
duque           toro
padre           varón


## 19.   Conteste a las siguientes preguntas

1.   ¿Cuáles son los días de la semana?.
2.   ¿En qué estación del año salen las flores?
3.   ¿En qué estación del año hace más calor?
4.   ¿En qué estación del año hace más frío?
5.   ¿En qué estación del año se caen las hojas de los árboles?
6.   ¿Cuál es el mes más corto del año?

**Apuntes de clase**

unidad 4

**20.** **Ejercicio sobre SER y ESTAR. Ponga la forma adecuada de uno u otro verbo**

1. ¡No hables con él! Hoy (él) no ...... de buen humor.
2. Todavía (yo) no ...... preparado para el examen.
3. Antes de ir a América (él) ...... profesor.
4. (Yo) ...... muy orgulloso de ti.
5. No vive en Madrid; sólo ...... de paso.
6. La mesa ...... de madera.
7. ¿Cuánto ...... esto?
8. La luz ...... apagada.
9. Esa señorita ...... estudiante.
10. Muchos chinos ...... budistas.

**21.** **Elija la forma correcta HAY o ESTÁ-N en las siguientes frases**

1. ¿Cuántas faltas ...... en ese dictado?
2. ¿Dónde ...... un cenicero?
3. ¿Dónde ...... los servicios?
4. No ...... nadie aquí.
5. ¿Qué ...... en ese cajón?
6. Allí ...... el tocadiscos.
7. Allí ...... muchas sillas
8. ¿Dónde ...... la calle Princesa?
9. ¿En qué época ...... fresas?
10. ¿...... alguna pregunta?

## 22. Póngase EL, LA, LOS o LAS en las siguientes frases

1. El bar está en ...... esquina.
2. ...... tren sale a ...... ocho.
3. ¿Tienes ya ...... coche nuevo?
4. ...... calles del centro de Madrid son muy estrechas.
5. Hay un cuadro en ...... pared de mi cuarto.
6. No me gustan ...... bromas.
7. ...... juventud no es una edad, es una enfermedad.
8. ...... hojas de ...... árboles se caen en ...... otoño.
9. Me lavo ...... dientes con un cepillo.
10. Durante ...... Semana Santa hay muchas procesiones en España.

## 23. Haga frases que tengan sentido con las siguienes expresiones

Tener sueño                 Tener hambre
Tener ganas de              Tener ...... años
Tener sed                   Tener calor
Tener prisa                 Tener frío
Tener cuidado               Tener miedo
Tener razón

## 24. Colóquense los posesivos en las siguientes frases

1.ª persona singular:

1. ...... padre es médico.
2. ...... amigas estudian español.
3. ...... ventana da a la calle.
4. Aquí están ...... libros.

2.ª persona singular:

1. ...... jardín tiene muchas flores.
2. He visto a ...... tíos.
3. ¿Es ésa ...... cama?
4. Ahí tienes ...... cosas.

3.ª persona singular:

1. ...... coche está en el garaje.
2. ...... máquina de escribir no funciona.
3. Hoy no cena con ...... padres.
4. No me gustan ...... bromas.

1.ª persona plural:

1. ...... ideas son distintas.
2. Ahí viene ...... jefe.
3. ...... negocios van mal.
4. ¿Es ésta ...... comida?

2.ª persona plural:

1. ...... hijos son muy simpáticos.
2. Ya tengo ...... dirección.
3. ...... maletas están abiertas.
4. ¿Cuál es ...... cuarto?

3.ª persona plural:

1. ...... cuñado vino a verme.
2. Nos recibieron en ...... oficina.
3. Nos hablaron de ...... problemas.
4. Perdieron ...... documentos.

Vd., Vds.:

1. ¿Me da Vd. ...... teléfono, por favor?
2. Vengan Vds. con ...... cuadernos mañana.
3. ¿Cómo está ...... esposa?
4. ¿Me ha dado Vd. ...... señas?

**25.** Partes del cuerpo. Conteste a las siguientes preguntas

1. ¿Con qué vemos?
2. ¿Con qué oímos?
3. ¿Con qué comemos?
4. ¿Con qué olemos?
5. ¿Con qué tocamos y cogemos las cosas?
6. ¿Con qué andamos?
7. ¿Con qué masticamos?
8. ¿Qué se mueve dentro de la boca cuando hablamos?
9. ¿Con qué escribimos a máquina?
10. ¿Con qué jugamos al fútbol?

**Apuntes de clase**

### 26. Ponga los verbos entre paréntesis en la forma correcta del presente de indicativo

1. Yo (beber) ...... vino, no agua.
2. Nosotros (aprender) ...... español.
3. Vosotros (hablar) ...... francés.
4. Ella (escribir) ...... una novela.
5. Ellos no (vivir) ...... en Madrid.
6. ¿A qué hora (entrar) ...... Vd. a trabajar?
7. Yo no (comer) ...... en casa los domingos.
8. ¿Por qué no (abrir) ...... (tú) la ventana?
9. Vds. (estudiar) ...... poco.
10. El (llamar) ...... a la puerta.

### 27. Pónganse los siguientes verbos en la tercera persona del presente de indicativo

| | |
|---|---|
| Hablar | Preguntar |
| Responder | Escribir |
| Vivir | Enseñar |
| Estudiar | Comer |
| Abrir | Llamar |

## 28. Conteste a las siguientes preguntas repitiendo el verbo en la persona correspondiente

1. ¿Canta Vd. bien? :
2. ¿Qué miráis vosotros? :
3. ¿A quién esperas? :
4. ¿Dónde viven Vds.? :
5. ¿Qué compran ellos? :
6. ¿Cuándo trabajan Vds.? :
7. ¿Quién limpia la casa? :
8. ¿Cómo viaja Vd.? :
9. ¿A qué hora cenan los españoles?
10. ¿Lee Vd. mucho? :

## 29. Diga el plural de las siguientes palabras

| | |
|---|---|
| buey | andaluz |
| marroquí | reloj |
| café | orden |
| gas | drama |
| cruz | ley |
| rubí | lunes |
| paraguas | libertad |
| viernes | martes |

## 30. Preposiciones DE y EN. Elija la adecuada

1. Se vistió ..de. rojo.
2. ..en Galicia hay mucho marisco.
3. Soy .de. Madrid.
4. Vivió cinco años ..en. los Estados Unidos.
5. Ya es hora de. acostarse.
6. El ladrón entró .en. la casa.

## 31. Conteste a las siguientes preguntas

1. ¿En qué mes (o meses) caen las vacaciones de Semana Santa?
2. ¿En qué mes (o meses) caen las vacaciones de verano?
3. ¿En qué mes (o meses) caen las vacaciones de Navidad?
4. ¿En qué mes empiezan y terminan las clases en las escuelas de su país?
5. ¿Qué mes viene antes de abril?
6. ¿Qué mes viene después de octubre?

**Apuntes de clase**

**32. Termine las siguientes frases poniendo el infinitivo en la forma correcta del presente de indicativo**

1. Tu amigo (esperar) .espera
2. Estos señores (andar) .andan
3. El niño (hablar) .habla
4. ¿(Ver) Vosotros veis
5. Nosotros (lavar) .lavamos
6. Los padres (educar) .educan
7. El profesor (enseñar) .enseña a
8. Esa chica (preguntar) pregunta
9. Tú no (responder) .respondas
10. Vosotros (subir) ..subeis

**33. Termine las siguientes frases repitiendo el verbo en forma negativa**

1. Yo trabajo, pero tú no .trabajas
2. Ella toca el piano, pero yo .no toco
3. Nosotros contestamos la pregunta, pero vosotros no contestais
4. Tu hermano paga la cuenta, pero tus amigos no pagan
5. Él desayuna muy temprano, pero nosotros no desayunamos
6. El anciano baja las escaleras muy despacio, pero ellos no bajan despacio.
7. Los padres sufren por sus hijos, pero los hijos no sufren por sus padres.
8. Tu hermano rompe todo, pero yo no rompo nada.
9. La criada limpia la casa, pero yo limpio mi cuarto.

**34. Repita la estructura de la frase modelo con los siguientes verbos**

MODELO: *¿A qué hora trabaja Luisa?*

| | |
|---|---|
| Llegar | Comer |
| Estudiar | Leer |
| Levantar | Desayunar |

**35. Haga una pregunta en el presente con cada uno de los siguientes verbos. Úsense los interrogativos QUÉ o CUÁNDO, según convenga**

| | |
|---|---|
| Comprar | Llegar |
| Limpiar | Meter |
| Terminar | Tomar |
| Recibir | Correr |
| Dejar *ro leave allow* | Acabar |

**36. Léanse los siguientes números**

1, 10, 13, 17, 5, 23, 71, 8, 55, 14, 39, 7, 101, 46, 60, 82, 98, 6, 11, 213, 500, 770, 925, 676, 48, 107, 1025, 6810, 5555, 3405, 2001.

**37. Explique el significado de los siguientes modismos y utilícelos en frases**

Faltar a clase.
Darse cuenta de algo.
Tomar el pelo a alguien.
Meter la pata.
Ir de juerga.

## 38. Conteste a las siguientes preguntas

1. ¿Cómo se llama la fruta del peral?
2. ¿Cómo se llama la fruta del manzano?
3. ¿Cómo se llama la fruta del naranjo?
4. ¿Cómo se llama la fruta del cerezo?
5. ¿Cómo se llama la fruta del limonero?
6. ¿Cómo se llama la fruta del ciruelo?
7. ¿Cómo se llama el fruto de la viña?
8. ¿Cómo se llama la fruta de la higuera?

unidad **7**

**39. Presente de indicativo. Dé la forma adecuada**

1. (Ellos) no (perder) ₚᵢₑₐₑₑₗ el tiempo.
2. Antonia (mentir) miente mucho.
3. (Yo) no (coger) cojo. nunca taxis.
4. En el hotel (ellos) (servir) sirven la cena a las 9.
5. ¿(Seguir) sigues (tú) las instrucciones?
6. ¿Qué (construir) ...... (ellos) aquí?

**40.** **Dé la forma correcta del presente de los verbos entre paréntesis**

1. Las clases (comenzar) ...... a las nueve.
2. Nosotros no (entender) ...... esa pregunta.
3. Yo lo (contar) ...... todo.
4. Vosotros nunca (encontrar) ...... entradas para el cine.
5. Él (pensar) ...... mucho.
6. ¿(Entender) ...... Vd. esto?
7. Yo no (encontrar) ...... la cartera.
8. Él (mover) ...... las piernas para andar.
9. Ellos (cerrar) ...... las ventanas.
10. ¿Cuánto (costar) ...... esto?

3

**41. Dé la forma correcta del presente de los verbos entre paréntesis**

1.  Ella nunca (probar) ...... las patatas fritas.
2.  (Yo) lo (sentir) ...... mucho.
3.  Ellos (soler) ...... comer aquí los domingos.
4.  Nosotros (dormir) ...... siete horas.
5.  Él (jugar) ...... al baloncesto.
6.  Tú no (mentir) ...... nunca.
7.  ¿(Dormir) ...... Vd. bien?
8.  Todos los días (morir) ...... mucha gente en el mundo.
9.  Yo no (conocer) ...... Marruecos.

**42. Ponga el artículo determinado, masculino o femenino, delante de las siguientes palabras**

| | | |
|---|---|---|
| clima | cigüeña | día |
| idioma | nieve | mapa |
| acción | drama | planeta |
| telegrama | legumbres | programa |
| amistad | poder | poema |
| tema | | |

**43. Contéstese a las siguientes preguntas siguiendo el modelo**

MODELO: ¿Te gustó la película? A mí *no me gustó*, pero *a él sí le gustó.*

1.  ¿Os gustó la película? A nosotros ......, pero a ellos ......
2.  ¿Le gustó a Vd. la película? A mí ......, pero a Vds. ......
3.  ¿Les gustó a ellos la película? A ellos ......, pero a nosotros ......
4.  ¿Le gustó a ella la película? A ella ......, pero a ti ......
5.  ¿Les gustó a Vds. la película? A nosotros ......, pero a él ......
6.  ¿Les gustó a ellas la película? A ellas ......, pero a mí ......
7.  ¿Te gustaron las películas? A mí ......, pero a Vds. ......
8.  ¿Os gustaron las películas? A nosotros ......, pero a ellos ......
9.  ¿Les gustaron a Vds. las películas? A nosotros ......, pero a ti ......

66

**Díganse los adjetivos de significación contraria a los siguientes**

1. La catedral es *bonita*.
2. La calle es *estrecha*.
3. Estoy *triste*.
4. La falda es muy *corta*.
5. La pared es *blanca*.
6. Ese hombre es *joven*.
7. La película es *divertida*.
8. La casa está *limpia*.
9. Tiene unos pies *pequeños*.
10. Ese chico es muy *alto*.

# Apuntes de clase

**45** **Dé la forma correcta del presente de los verbos entre paréntesis**

1.  Yo (coger) ...... el autobús todas las mañanas.
2.  Yo (elegir) ...... este color.
3.  Yo (parecer) ...... un inglés con este sombrero.
4.  Ella (devolver) ...... las localidades.
5.  Yo (escoger) ...... el camino más corto.
6.  Tú (soñar) ...... todas las noches.
7.  Él (demostrar) ...... que sabe la lección.
8.  Ellos se (despertar) ...... muy temprano.
9.  Ya (empezar) ...... a salir el sol.
10. Yo (recoger) ...... la basura por las mañanas.

**46** **Dé la forma correcta del presente de los verbos entre paréntesis**

1.  Yo (obedecer) ...... las leyes.
2.  Yo no (conducir) ...... bien.
3.  Yo (agradecer) ...... mucho su visita.
4.  Yo (traducir) ...... del inglés al español.
5.  Él nunca (pedir) ...... favores.
6.  Los ladrones (huir) ...... de la policía.
7.  Yo todavía (seguir) ...... en la Universidad.
8.  ¿Quién (construir) ...... este edificio?
9.  Él (repetir) ...... siempre la misma pregunta.
10. ¿Cuánto (medir) ...... Vd.?

## 47. Ponga la forma correcta del presente

1. Yo — ir — a la universidad.
2. Mi madre — cocinar — muy bien.
3. Sus tíos — venir — mañana.
4. Nosotros — saludar — al profesor.
5. Yo no — hacer — los ejercicios.
6. Este cuchillo — cortar — muy mal.
7. Yo — poner — la mesa.
8. Juan — sacar — las entradas.
9. Esta palabra no — venir — en mi diccionario.
10. Tú — ir — de excursión.

## 48. Lea las siguientes frases

1. Son las 7,15 de la tarde.
2. Eran las 6,35 de la mañana.
3. Son las 8,30 de la mañana.
4. El tren sale a las 18,40.
5. El avión llegó a las 12 de la noche.
6. La clase empieza a las 5,45 de la tarde.
7. Salí del cine a las 7,25.
8. Ayer vi a tu hermano a la 1,30 en el centro.
9. Las tiendas cierran a las 8 de la tarde.
10. Los museos abren a las 9 de la mañana.

## 49. Conteste a las siguientes preguntas, en forma negativa y afirmativa, sustituyendo la parte en cursiva por el pronombre adecuado

1. ¿Sacaste *las entradas?*
2. ¿Has terminado *el ejercicio?*
3. ¿Vas a limpiar *el coche?*
4. ¿Han fregado *los platos?*
5. ¿Has probado *la tarta?*

6. ¿Vas a fumar *ese puro?*
7. ¿Has cerrado *las ventanas?*
8. ¿Has mandado ya *las cartas?*
9. ¿Hay *mucha nieve en la sierra?*

(50.) **Use la palabra que mejor le vaya al contexto**

1. Compré un ...... de patatas.
2. Le eché 15 ...... de gasolina al coche.
3. Se necesitan 3 ...... de tela para este traje.
4. Comí 200 ...... de jamón yo solo.
5. Tú pesas 70 ......
6. Compramos 1/2 ...... de queso.
7. Ese camión puede llevar 10 ...... de carga.
8. Ese coche puede correr a 140 ...... por hora.
9. Compré una ...... de huevos.
10. Bebo 1/2 ...... de vino en cada comida.

**Apuntes de clase**

**51. Rellene los puntos con la forma adecuada del presente
del verbo HABER**

1. (Yo) ya ...... comido.
2. (Nosotros) nunca ...... ido allí.
3. (Vosotros) ...... venido temprano.
4. ¿(Tú) ...... visto a Juan?
5. (Ella) ...... recibido varias cartas.
6. (Vd.) ...... estado en el hospital.
7. (Ellos) no ...... sido buenos.
8. (Vds.) no ...... sabido contestar.
9. (Vosotras) ...... comido mucho.
10. (Él) ...... hecho su examen.

**52. Haga una pregunta en presente con cada uno de los siguientes
verbos usando distintas personas, y conteste empleando
el mismo verbo**

| | | |
|---|---|---|
| querer | decir | poder |
| traer | saber | poner |
| hacer | tener | ir |
| salir | dar | oír |
| caer | valer | reír |
| caber | | |

## 53. Forme el plural de las siguientes frases

1. Dice que la mujer sueca es muy guapa.
2. El caballo de mi tío era muy rápido.
3. El sábado no trabajo.
4. Este chico parece inteligente.
5. En ese balcón hay muchas flores.
6. Llevo un papel en la cartera.

## 54. Pónganse en singular las siguientes frases

1. Nos cansamos mucho.
2. Vosotros os ponéis los guantes.
3. Ellas os lo darán.
4. Vds. no nos ayudan.
5. Ellos os regalaron ese jarrón.
6. Ellos se visten rápidamente.
7. ¿Se han lavado Vds.?
8. No nos gusta el marisco.
9. Ellas se han mudado de casa.
10. Vosotras no nos invitáis nunca.

## 55. Sustitúyase la parte en cursiva por la forma del pronombre personal sin preposición

1. lo trajo *para mí.*
2. Lo traje *para ti.*
3. Lo han traído *para Vd.*
4. Lo traerán *para él.*
5. Lo trajeron *para ella.*
6. Lo traen *para nosotros.*
7. Lo traen *para vosotros.*
8. Lo trajeron *para Vds.*
9. Lo traían *para ellos.*
10. Lo traen *para ellas.*

74

## 56. Rellene los puntos con el nombre de parentesco adecuado

1. Los padres de mi madre son mis ......
2. La hermana y el hermano de mi padre son mis ......
3. La mujer de mi hermano es mi ......
4. Los hijos de mi hermana son mis ......
5. El hijo de mi tía es mi ......
6. Los padres de mi marido son mis ......
7. El marido de mi hija es mi ......

**Apuntes de clase**

### 57. Imperativo. Dé la forma apropiada

1. ¡(Mirar) ...... (tú) aquí!
2. ¡(Hablar) ...... (vosotros) más bajo!
3. ¡(Repartir) ...... (tú) las hojas!
4. ¡(Meter) ...... (Vd.) la llave en la cerradura!
5. ¡(Subir) ...... (Vds.) las escaleras con cuidado!
6. ¡(Beber) ...... (vosotras) este vino!
7. ¡(Trabajar) ...... (tú) bien!

### 58. Ponga el infinitivo entre paréntesis en la forma correcta del imperativo

1. (Tú) (volver) ...... a las doce.
2. (Tú) (oler) ...... esta flor.
3. (Tú) (oír) ...... esta canción.
4. ¡Chico! (probar) ...... estas croquetas.
5. (Vosotros) (empezar) ...... a trabajar.
6. (Tú) (encender) ...... la luz.
7. (Tú) (elegir) ...... el mejor.
8. (Tú) (medir) ...... la longitud de esto.
9. (Tú) (repetir) ...... esta frase.
10. (Tú) (seguir) ...... a ese hombre.
11. (Tú) (distribuir) ...... los periódicos.
12. (Vosotros) (destruir) ...... los documentos.
13. (Tú) (venir) ...... temprano.

## 59. Rellene los puntos con la forma adecuada del imperativo de los infinitivos entre paréntesis

1. (Tú) (salir) ...... al balcón.
2. (Tú) (poner) ...... la mesa.
3. (Vosotros) (salir) ...... en seguida.
4. (Tú) (ir) ...... a buscarle.
5. (Tú) (hacer) ...... lo que te he dicho.
6. (Vosotras) (decir) ...... la verdad.
7. (Tú) (ser) ...... bueno.
8. (Tú) (venir) ...... a verme.
9. (Tú) (tener) ...... cuidado.
10. (Vosotros) (ir) ...... a la escuela.
11. (Tú) (decir) ...... lo que piensas.

## 60. Rellene los puntos con la forma del demostrativo adecuada

A) *Este -a -os -as*. Frase modelo: *Aquí* hay un chico; *este* chico se llama Juan.

1. Aquí hay cigarrillos; ...... cigarrillos son rubios.
2. Aquí hay una botella; ...... botella está vacía.
3. Aquí hay un soldado; ...... soldado lleva uniforme.
4. Aquí hay unas camisas; ...... camisas son blancas.
5. Aquí hay una cartera; ...... cartera es de piel.

B) *Ese -a -os -as*. Frase modelo: *Ahí* hay un señor; *ese* señor es maestro.

1. Ahí hay unos jardines; ...... jardines son privados.
2. Ahí hay una tienda; ...... tienda está abierta.
3. Ahí hay unas llaves; ...... llaves son del coche.
4. Allí hay un guardia; ...... guardia tiene una pistola.
5. Ahí hay una cama; ...... cama es muy cómoda.

C) *Aquel -lla -llos -llas*. Frase modelo: *Allí* hay un teatro; *aquel* teatro es muy antiguo.

1. Allí hay un castillo; ...... castillo está en una montaña.
2. Ahí hay unas piedras; ...... piedras son grandes.
3. Allí hay unos árboles; ...... árboles son pinos.
4. Allí hay una fuente; ...... fuente está seca.
5. Allí hay unos perros; ...... perros están ladrando.


**61. Elija de entre estos interrogativos: QUÉ, CUÁL(ES), DÓNDE, POR QUÉ, CÓMO, CUÁNDO, el que más convenga a cada una de las siguientes frases**

1. ¿...... de esas dos señoras es tu madre?
2. ¡Pero hombre!, ¿...... te pasa?
3. ¿...... ha hecho eso?
4. ¿...... lo supiste tan pronto?
5. ¿...... saliste de Madrid?
6. ¿...... vives ahora?
7. ¿...... hace ese señor?
8. ¿...... no me habéis dicho la verdad?
9. ¿...... son las ciudades españolas que Vd. conoce?


**62. Señale sobre su cuerpo las siguientes partes**

corazón
hombro
cintura
riñones
muslo
cuello
pestañas
pelo

**63.** **Ponga los siguientes verbos en la segunda persona, singular y plural (tú - vosotros) del imperativo**

| | |
|---|---|
| irse | sentarse |
| ponerse | lavarse |
| callarse | casarse |
| quedarse | acostarse |
| despedirse | volverse |
| dormirse | vestirse |
| divertirse | reírse |
| bañarse | quitarse |

**64.** **Ponga estos imperativos en forma negativa**

1. ¡Levántate temprano!
2. ¡Quedaos en casa!
3. ¡Cállense Vds.!
4. ¡Mírate en el espejo!
5. ¡Párese Vd. ahí!
6. ¡Acuéstate pronto!
7. ¡Límpiate la nariz!
8. ¡Hazte un traje nuevo!
9. ¡Cambiaros de casa!
10. ¡Apréndete esto de memoria!
11. ¡Dése Vd. prisa!

## 65. Diga el masculino de las palabras en cursiva

1. Su *madre* murió el año pasado.
2. Su *hermana* se ha casado hace dos meses.
3. *Mamá* está muy *enferma*.
4. *La protagonista* de la película moría al final.
5. Mi *nuera* es de Guadalajara.
6. *Esa* actriz es muy *conocida*.
7. En el piso de al lado vive *una modista*.
8. Había *una joven* tomando café.
9. *La marquesa* fue muy amable con nosotros.

## 66. Dé el posesivo adecuado, según el modelo

MODELO:  Yo vivo en *mi casa* — Él vive en *la suya*
         Yo vivo en ......
         Tú vives en ......
         Él vive en ......
         Vd. vive en ......
         Nosotros vivimos en ......
         Vosotros vivís en ......
         Vds. viven en ......
         Ellos viven en ......
         Ellas viven en ......

## 67. Use los siguientes modismos en frases apropiadas

Tener ganas (de)
Hacer las paces     Los Indios hacieron las paces con los blancos
Ser un gamberro     ~~naughty~~ Lowlou
Decir tacos     bad words
Quedar con (alguien)     quedado con Eddy esta noche en la playa rayo
     but at a place + time

## 68. Dé el nombre del país correspondiente

| | |
|---|---|
| alemanas | inglés |
| sueca | suizos |
| francés | griegas |
| portugueses | italiana |
| rusas | estadounidense |
| japonesa | árabes. |

**Apuntes de clase**

**69.** **Ponga estos imperativos en forma afirmativa**

1. ¡No crucéis la calle!
2. ¡No cuelgues la gabardina!
3. ¡No sirva Vd. la comida!
4. ¡No te olvides de esa fecha!
5. ¡No cojas el autobús!
6. ¡No os sentéis aquí!
7. ¡No te des prisa!
8. ¡No te cases!
9. ¡No despertéis a los niños!
10. ¡No subáis al árbol!

**70.** **Ponga estos imperativos en forma negativa**

Sal Di
Salid Cierren Vds.
Sed Pon
Traducid Vaya Vd.
 Oler    Huele Holas Huye
Oíd Pedid
Ven Vuelve

**71. Conteste a las siguientes preguntas repitiendo la forma en cursiva y una de las palabras de la columna de la derecha**

| | | |
|---|---|---|
| 1. | ¿Qué es *esto?* | redondo |
| 2. | ¿Cómo es *eso?* | un libro |
| 3. | ¿Dónde está *eso?* | ahí |
| 4. | ¿Qué es *aquello* de allí? | una radio |
| 5. | ¿Cuándo ocurrió *eso?* | diez pesetas |
| 6. | ¿Qué es *esto* de aquí? | azul |
| 7. | ¿Cuánto vale *eso?* | ayer |
| 8. | ¿De qué color es *aquello?* | una carta |
| 9. | ¿Qué es *eso* de ahí? | dos duros |
| 10. | ¿Cuánto es *esto?* | un reloj |

**72. Úsese la forma correcta de los pronombres personales en las siguientes frases**

1. No te preocupes; está con ...... (yo).
2. Este paquete es para ...... (tú).
3. Te he visto en la calle con ...... (él).
4. Yo con ...... (tú) voy al fin del mundo.
5. ¿Queréis venir con ...... (nosotros)?
6. Me habló muy bien de ...... (ellos).
7. No he sabido nada de ...... (tú) en estos últimos días.
8. Antonio no se lleva bien con ...... (yo).

**73. Preposiciones EN y CON. Elija la apropiada**

1. En. primavera suele hacer buen tiempo.
2. Por las noches sueño con. ella.
3. ¡No te enfades con. él!
4. Los ateos no creen en. Dios.
5. He hablado con. ella esta mañana.
6. Esta región es rica en. minerales.

## 74. Rellene los puntos con el nombre de parentesco adecuado

1. La esposa de mi hijo es mi ......
2. La madre de mi abuelo es mi ......
3. Mi hijo de bautismo es mi ......
4. Mi padre de bautismo es mi ......
5. Mi madre de bautismo es mi ......
6. Mis primos, tíos, cuñados, etc., son mis ......
7. El hombre cuya esposa ha muerto es ......

**Apuntes de clase**

**75.** Diga la 1.ª y 3.ª personas del singular del pretérito indefinido
de los siguientes verbos

| | | |
|---|---|---|
| pasar | ir | parar |
| venir | reservar | hacer |
| encargar | poner | decidir |
| querer | meter | sacar |
| poder | colocar | reír |
| recibir | saber | beber |

**76.** Dé la forma correcta del pretérito indefinido
de los verbos entre paréntesis

1. Ella (traer) *trajo* las maletas.
2. Él no (dormir) *durmió* en casa.
3. Ayer (yo) (jugar) *jugué* al dominó.
4. Ellos (mentir) *mintieron*
5. Su marido (morir) *murió* el mes pasado.
6. Él (conducir) *condujo* un camión.
7. Ellos (pedir) *pidieron* la cuenta.
8. Ellas (huir) *huyeron* de mí.
9. Ella (seguir) *siguió* las instrucciones.
10. Este ingeniero (construir) *construyó* el puente.

## 77. Dé la forma apropiada del pronombre personal

1. A ellos no ...... gustó el viaje.
2. No ...... caigo bien a ella.
3. A mi mujer ...... encantó tu libro.
4. ¿...... ha tocado la lotería (a ti)?
5. (A nosotros) no ...... sentó bien el pescado.
6. (A vosotras) ...... encanta esquiar.
7. Ese actor ...... cae muy bien (a mí).
8. Ahora ...... toca a ti pagar el café.


## 78. Léanse las siguientes frases

1. Mi número de teléfono es 6 37 53 13.
2. Juanita vive en Serrano núm. 175.
3. La guerra civil española comenzó en el año 1936.
4. La matrícula de mi coche es M-5615-CX.
5. Tengo la clase en el aula 005.
6. El kilo de azúcar vale 70 ptas.
7. El 19 de marzo es el día de San José.
8. Llegaremos el jueves, día 3 de abril.
9. La Nochebuena se celebra el 24 de diciembre.
10. Una tonelada es igual a 1.000 kilos.


## 79. Elija de entre una de estas partículas: COMO, QUE, MÁS, MENOS, TAN, la que más convenga a cada una de las siguientes oraciones

1. Tu amigo no baila tan bien ...... tú.
2. Este chiste es menos gracioso ...... el otro.
3. Las mangas de mi camisa son más cortas ...... las de la tuya.
4. No duermo tanto ...... otras personas.
5. El cielo está más azul ...... ayer.
6. Picasso es ...... moderno que Goya.
7. Este camino no es ...... corto como aquél.

8. Este espectáculo no me gusta; es ...... divertido que ése.

9. Este niño es mucho más listo ...... sus hermanos.

10. En el sur de España llueve bastante ...... que en el norte.

**80. Señale sobre su cuerpo las siguientes partes**

rodilla
tobillo
codo
muñeca
mejilla
cejas
frente
uña

**Apuntes de clase**

**81.** Diga la 1.ª y 3.ª personas del singular del pretérito indefinido de los siguientes verbos

salir          arreglar

caer          permanecer

dar           tener

oír           respetar

andar         partir

invitar

**82.** Diga la forma correcta del pretérito indefinido de los verbos que aparecen en las siguientes frases

1. El patrón — ~~despedir~~ despidió — al empleado.
2. El profesor — corregir — los ejercicios. corrigió x
3. Ellos — sentir — mucho mi desgracia. sintieron
4. Yo — traducir — este libro. traduzcé x traduje
5. El fuego — destruir — la casa. destruyó
6. Ellas — conseguir — el premio. consiguieron
7. Ella — vestirse — en seguida. se vistió
8. Tu amigo — preferir — quedarse en casa. preferiste x
9. La bomba — producir — grandes daños. produjo
10. Ellos — repetir — la pregunta. repitieron
11. Esperanza — reírse — mucho. se rió

## 83. Dé la forma apropiada del pretérito indefinido

1. (Él) (ser) *fue*. alcalde durante la guerra.
2. (Ellos) (trabajar) *trabajaron* en Alemania durante dos años.
3. Ayer (nosotros) no (salir) *salimos* de casa.
4. (Ellas) (marcharse) *se marcharon* ayer.
5. (Yo) no (comer) *comí* nada durante veinticuatro horas.
6. Ayer (nosotros) (cerrar) *cerramos* la tienda antes de las ocho.
7. (Yo) no os (ver) *vi* durante todas las vacaciones.
8. ¿Te (telefonear) *telefoneaste* tu novio ayer?

## 84. Complétense las siguientes frases usando el posesivo adecuado

1. Éstos son *mis* guantes … estos guantes son ......
2. Éste es *su* postre — ese postre es ......
3. Aquéllas son *vuestras* patatas fritas — aquellas patatas fritas son ......
4. Éstos son *tus* calcetines — estos calcetines son ......
5. Ésa es *mi* cuchara — esa cuchara es ......
6. Éstas son *tus* corbatas — estas corbatas son ......
7. Aquéllas son *sus* zapatillas — aquellas zapatillas son ......
8. Éste es *nuestro* apartamento — este apartamento es ......
9. Ésa es *vuestra* librería — esa librería es ......
10. Éstos son *vuestros* vasos — estos vasos son ......

## 85. Comparativos irregulares. Rellene los puntos con la forma apropiada

1. Tu bicicleta es (bueno) ...... que la mía.
2. El examen de Pedro fue (malo) ...... que el tuyo.
3. Yo soy (viejo) ...... que ella.
4. Él es (joven) ...... que tú.
5. Estas cucharas son (malo) ...... que ésas.

94

## 86. Dé el nombre del establecimiento que corresponda

panadero
lechero
carnicero
pescadero
farmacéutico

**Apuntes de clase**

**87.** Conjugue el pretérito imperfecto de indicativo de los siguientes verbos

perseguir
recoger
tirar
volar
servir

**88.** Sustitúyanse las formas verbales en cursiva por las correspondientes del pretérito imperfecto, según el modelo

MODELO : Jaime *solía dormir* mucho los fines de semana → Jaime *dormía* mucho los fines de semana.

1. El profesor *solía llegar* en punto → *llegaba*
2. *Solíamos hacer* un poco de 'footing' todas las mañanas → *hacíamos*
3. *Solía comer* en el restaurante Miramar → *comía*
4. Tú *solías ir* a cazar los domingos, ¿verdad? → *ibas*
5. Él *solía llevar* el pelo largo → *llevaba*

**89.** Conteste a las siguientes preguntas utilizando un verbo en pretérito imperfecto de indicativo

1. ¿Qué hacían ellos los domingos?
2. ¿A qué hora os acostabais?

4

3. ¿Cómo ibas a la Universidad? _Ea coche_
4. ¿Cuánto pagabas por la pensión?
5. ¿Por qué gastabas tanto dinero?
   _Spent_

**90. Ponga la terminación correcta a los adjetivos que aparecen en las siguientes frases**

1. Los gatos tienen la piel suave...
2. El metro iba lleno....
3. Llevaba siempre chaquetas azules..
4. Esos pobres.. hombres están ciegos.
5. Esa chica tiene un aspecto muy triste...
6. La sopa ya está fría...
7. Es un escritor muy célebre...
8. Era una persona muy culta...
9. Hay cosas que son imposibles _es_
10. El colchón de mi cama está muy blando... _Soft_
11. Las nuevas lavadoras son muy prácticas
12. Esta casa tiene agua caliente....
13. Estas sábanas no están limpias.
14. Era una mujer muy sensible _e_
15. Esa idea no es nada sensata...

**91. Sustitúyanse las partes en cursiva por el pronombre personal equivalente**

1. Yo te presté _mi pluma._
2. Ellos venden _entradas para el fútbol._
3. Conocimos _a tu amigo ayer._
4. Él trajo _los pasteles._
5. ¿Quién tradujo _esta novela?_
6. Despedimos _a la criada._
7. ¿Por qué habéis elegido _este regalo?_
8. ¿Cuándo construyeron _estas casas?_
9. He visto a _vuestros primos._
10. Todavía no has saludado _a tus tías._

**92. Dé el nombre de los países correspondientes**

| | |
|---|---|
| japonés | mejicano |
| australiano | egipcio |
| argentino | escocés |
| brasileño | indio |
| israelí | uruguayo |
| peruano | cubano |

# Apuntes de clase

### 93. Ponga los infinitivos en la forma adecuada del futuro imperfecto

1. El jefe — explicar — el problema.
2. Tú — faltar — a clase mañana.
3. Él — comer — en el restaurante.
4. Su hermana — vivir — conmigo.
5. Nosotros — enviar — regalos.
6. Ellos — traer — el paquete.
7. Vds. — recibir — 2.000 ptas.
8. Yo — pagar — la cuenta.
9. Vosotras — volver — mañana.
10. Vd. — divertirse — mucho.

### 94. Dé la forma adecuada del futuro imperfecto de los verbos entre paréntesis

1. Tú (poner) ...... la mesa.
2. El tren (salir) ...... a las seis.
3. Nosotros (venir) ...... a verte.
4. Yo (decir) ...... la verdad.
5. Vosotros no (caber) ...... en el coche.
6. El nuevo modelo (valer) ...... mucho.
7. Vds. (tener) ...... poco trabajo.
8. Ellas (saber) ...... hablar español muy pronto.
9. Vosotras (hacer) ...... una excursión.
10. Vd. (querer) ...... venir.
11. Ella no (poder) ...... salir esta tarde.

**95. Futuro de probabilidad. Conteste a las siguientes preguntas utilizando la misma forma de futuro que aparece en la pregunta**

1. ¿Dónde *estará* Blas ahora?
2. ¿Quiénes *serán* esas chicas?
3. ¿Qué *pensará* Javier de mi vestido?
4. ¿Quién *llamará* a estas horas?
5. ¿*Estará* embarazada?
6. ¿Qué *llevará* en ese bolso?
7. ¿Cuántos años *tendrá* esa mujer?
8. Tiene un acento extraño; ¿será extranjero?


**96. Conteste a las siguientes preguntas afirmativa y negativamente en primera persona**

1. ¿Te has enterado de las últimas noticias?
2. ¿Os habéis puesto el impermeable?
3. ¿Se ha dado Vd. cuenta de su manera de hablar?
4. ¿Cuándo os marcháis?
5. ¿Se fueron Vds. temprano?
6. ¿Te han saludado los vecinos de arriba?
7. ¿Le he asustado a Vd.?
8. ¿Os importaría quedaros un rato más?
9. ¿Te hace falta algo más?
10. ¿Le gustan a Vd. los calamares fritos?


**97. Haga preguntas que correspondan a las siguientes respuestas, utilizando las partículas interrogativas adecuadas**

1. Mañana es sábado.
2. Vino ayer.
3. Iremos nosotros.
4. Porque estaba cansado.
5. En el bar de la esquina.
6. Estoy muy bien, gracias.

7.  Hemingway escribió esa novela.
8.  Porque tengo prisa.
9.  Yo he llamado por teléfono.

### 98.  Dígase el nombre del que trabaja en los siguientes establecimientos

zapatería
joyería
frutería
sastrería
taberna

**Apuntes de clase**

**99. Conjugue el condicional simple de los siguientes verbos**

tomar          caber
vivir          poner
poder          querer
venir          hacer
meter          salir
saber

**100. Sustituya las palabras en cursiva por la forma correspondiente del condicional simple, según el modelo**

MODELO:
$\left\{ \begin{array}{l} Seguramente \\ Probablemente \end{array} \right.$ *era* africano = *Sería* africano.

1. *Probablemente estaba* enferma =
2. *Seguramente necesitaban* dinero =
3. *Seguramente se conocían* =
4. *Probablemente eran* novios =
5. *Seguramente esperabas* a alguien =

**101. Conteste a las siguientes preguntas con un verbo en condicional simple**

1. ¿Dónde iría anoche a esas horas?
2. ¿Qué haría en París?
3. ¿Cuándo conocería a su actual marido?
4. ¿Quién sería ese individuo?
5. ¿Cómo llegaría Irene allí?
6. ¿Cuánto pagarían por el video?


**102. Elija, de la columna de la derecha, el adjetivo adecuado a cada frase, estableciendo la concordancia debida**

1. Me fío mucho de él; es muy ..formal

   fuerte
2. Sansón era un hombre .fuerte

   generoso
3. Se nota que esa señora ha recibido una buena educación; es muy ..fina

   formal
4. Siempre nos están ayudando; son unas mujeres muy generosa

   fino
5. Los sabios auténticos suelen ser humilde

   humilde


**103. Sustitúyanse las partes en cursiva por los pronombres personales equivalentes**

1. Tú lo dijiste *a todo el mundo*.
2. Compré un regalo *a mis padres*.
3. Pedí un favor *a la portera*.
4. Dimos una propina *al camarero*.
5. La hice *para Juan*.
6. Di el recado *a tus vecinos*.
7. Las vendí *a Maite y Clara*.
8. Lo cuenta *a todas sus amigas*.
9. Di un beso *a las niñas*.

## 104. Escríbase el acento sobre la vocal adecuada

| | |
|---|---|
| tenia | cantais |
| policia | rio |
| dia | ordenes |
| escribis | tendreis |
| bahia | deficit |
| esceptico | raices |
| naufrago | todavia |
| huerfano | huesped |
| democrata | republica |
| grua | cuenteselo |

## 105. Dé los nombres del establecimiento donde se compran los siguientes artículos

1. Artículos de limpieza.
2. Artículos de aseo personal.
3. Herramientas varias.
4. Alimentos.
5. Zapatos.
6. Medicinas.
7. Alimentos dietéticos.

**Apuntes de clase**

**106. Dé el participio pasado de los siguientes verbos**

salir _Salido_     bailar _bailado_
tener _tenido_     comprar _comprado_
saber _Sabido_     haber _habido_

**107. Dé los participios pasados correspondientes a los siguientes infinitivos**

poner _puesto_       abrir _abierto_
ver _visto_          satisfacer _satisfecho_
morir _muerto_       romper _roto_
escribir _escrito_   decir _dicho_
volver _vuelto_      hacer _hecho_
descubrir _descubierto_ cubrir _cubierto_
resolver _resuelto_

**108. Dé la forma apropiada del participio pasado**

1. ¿Me has (decir) _dicho_ la verdad?
2. Hemos (comprar) _comprado_ otro televisor.
3. ¿Has (escribir) _escrito_ a tus padres?
4. No ha (haber) _habido_ mucha gente en la corrida.
5. Han (romper) _roto_ la lámpara.
6. ¿No has (volver) _vuelto_ nunca a tu pueblo?

7. Ya han (resolver) *resuelto* ...... el problema.
8. Luisa ha (tener) *tenido* ...... mucha suerte.
9. ¿Te has (poner) *puesto* ...... la camisa de cuadros?
10. No los hemos (ver) *visto* ...... en un año.

## 109. Ponga la terminación correcta a los adjetivos que aparecen en las siguientes frases

1. Las camisas eran blanc......
2. Las hojas de los árboles son verd......
3. Me gustan los tipos simpátic......
4. La máquina de escribir estaba estropead......
5. Tenía los pantalones rot......
6. Sancho Panza era gord...... y baj......
7. Las bailarinas suelen ser delgad...... y ágil......
8. Aquella mujer era muy groser......
9. ¿Por qué están esas chicas tan content...... hoy?
10. Yo fumo tabaco negr......
11. Tenía el pelo rubi......
12. Estos asientos son incómod......
13. Estas naranjas no están muy dulc......
14. Tus hermanos son unos vag......

## 110. Preposiciones CON y A. Elija la adecuada

1. Vive .*a*. seis millas de la capital.
2. Me conformo *con*. el segundo premio.
3. Te llevaré ..*a*.. la estación en mi coche.
4. Cené *con*. ellos anoche.
5. Se enfadó *con* su marido.
6. Se dedica .*a*. la enseñanza.

## 111. Haga frases que tengan sentido con las siguientes palabras

Casa de Socorro    Ayuntamiento
Comisaría      Correos
Aduana       Agencia de viajes
Renfe        Consigna
Carnet de identidad   Carnet de conducir

**Apuntes de clase**

**112.** **Dé las primeras personas, singular y plural, del pretérito pluscuamperfecto de los siguientes verbos**

MODELO: beber → *había bebido | habíamos bebido.*

| | | | |
|---|---|---|---|
| tener | tenido | poner | puesto |
| recibir | recibido | estar | estado |
| cubrir | cubierto | volver | vuelto |
| ver | visto | abrir | abierto |
| hacer | hecho | decir | dicho |

**113.** **Dé las formas de segunda persona (tú y vosotros) del futuro perfecto de los siguientes verbos**

MODELO: saber → *habrás sabido | habréis sabido.*

| | | | |
|---|---|---|---|
| descubrir | descubierto | querer | querido |
| tomar | tomado | leer | leído |
| romper | roto | poner | puesto |
| escribir | escrito | preguntar | preguntado |
| resolver | resuelto | llorar | llorado |

**114. Dé las formas de tercera persona, singular y plural (él - ellos), del condicional compuesto de los siguientes verbos**

MODELO: cantar → *habría cantado* / *habrían cantado.*

| | |
|---|---|
| pasear | volver |
| conseguir | querer |
| poner | decir |
| romper | abrir |
| ver | descubrir |

**115. Sustituya con una sola forma las palabras en cursiva**

EJEMPLO: *muy bueno* = *buenísimo.*

1. Sus padres son *muy ricos.*
2. Su abuela era *muy simpática.*
3. Estoy *muy contento.*
4. Llegó *muy puntual.*
5. Esto es algo *muy normal.*
6. Era una mujer *muy guapa.*
7. Estaba *muy cansado.*
8. Era una obra *muy aburrida.*
9. El flan estaba *muy dulce.*
10. Llevas un vestido *muy gracioso.*

**116. Dé la forma adecuada del adjetivo**

1. Hace muy (bueno) ...... día.
2. Velázquez es un (grande) ...... pintor.
3. Hizo muy (malo) ...... tiempo ayer.
4. (Santo) ...... Isidro es el patrón de Madrid.
5. La gente suele comprar en los (grande) ...... almacenes.
6. Hay que tener cuidado con las (mala) ...... compañías.
7. El Escorial es una (grande) ...... obra de arquitectura.
8. (Santo) ...... Teresa fue muy (bueno) ...... escritora.
9. He tenido (malo) ...... suerte con ese coche.

**117. Explique el significado de los siguientes modismos y utilícelos en frases**

pasarlo bien (mal)
estar de mal (buen) humor
llevarse bien (mal) con alguien
estar a gusto (disgusto)
poner verde a alguien

**118. Conteste a las siguientes preguntas con la palabra adecuada**

1. ¿Con qué nos limpiamos los dientes?
2. ¿Con qué nos peinamos?
3. ¿Con qué se enciende un cigarrillo?
4. ¿Con qué se barre el suelo?
5. ¿Con qué se lava la ropa?
6. ¿Con qué se juega al tenis?
7. ¿Con qué nos secamos después de la ducha?
8. ¿Con qué nos bañamos en la playa?
9. ¿Con qué se graba la voz de una persona?
10. ¿En qué aparato se ponen los discos?

# Apuntes de clase

**119. Conjúguese el presente de subjuntivo de los siguientes verbos (dé las personas del singular para los tres verbos de la izquierda, y las personas del plural para los de la derecha)**

|          |          |
|----------|----------|
| estudiar | hablar   |
| aprender | comer    |
| vivir    | escribir |

**120. Conjúguese el presente de subjuntivo de los siguientes verbos**

pensar: ......... / ......... / ......... / ......... / ......... / .........
entender: ......... / ......... / ......... / ......... / ......... / .........
mentir: ......... / ......... / ......... / ......... / ......... / .........
cerrar: ......... / ......... / ......... / ......... / ......... / .........

**121. Conjúguese el presente de subjuntivo de los siguientes verbos**

volver: ......... / ......... / ......... / ......... / ......... / .........
servir: ......... / ......... / ......... / ......... / ......... / .........
pedir: ......... / ......... / ......... / ......... / ......... / .........
recordar: ......... / ......... / ......... / ......... / ......... / .........

**122. Conjúguese el presente de subjuntivo de los siguientes verbos**

coger: ......... / ......... / ......... / ......... / ......... / .........
vencer: ......... / ......... / ......... / ......... / ......... / .........
exigir: ......... / ......... / ......... / ......... / ......... / .........
traducir: ......... / ......... / ......... / ......... / ......... / .........
construir: ......... / ......... / ......... / ......... / ......... / .........
jugar: ......... / ......... / ......... / ......... / ......... / .........

**123. Dé las primeras personas (singular y plural) del presente de subjuntivo de los siguientes verbos**

dar: ......... / .........
ir: ......... / .........
hacer: ......... / .........
venir: ......... / .........
oír: ......... / .........
poner: ......... / .........
saber: ......... / .........

**124. Cambie la posición de los pronombres en cursiva, siguiendo el modelo**

MODELO: *Nos lo* van a dar → van a dár*noslo*.

1. *Te lo* puedes comprar mañana.
2. *Se lo* quiero decir yo mismo.
3. *Nos lo* estaban haciendo a toda prisa.
4. *Me la* tendrá que dar tarde o temprano.
5. *Os lo* iba a decir.
6. *Se lo* debe comunicar cuanto antes.
7. *Me* estaba engañando continuamente.
8. Su hermano *le* viene a ver todos los días.
9. *Me lo* está repitiendo continuamente.
10. *Te* quiero ver aquí a la hora en punto.

**125.  Conteste a las siguientes preguntas con la palabra adecuada**

1.  ¿Con qué se corta el papel, los tejidos, etc.?
2.  ¿Con qué se esquía?
3.  ¿Con qué se hacen fotografías?
4.  ¿Con qué se saca la rueda pinchada de un coche?
5.  ¿Dónde se mantienen frescos los alimentos?
6.  ¿Con qué se cose un botón?
7.  ¿Con qué se sujetan los pantalones?
8.  ¿Con qué se clava un clavo?

# Apuntes de clase

**126. Dé las terceras personas (singular y plural) del presente de subjuntivo de los siguientes verbos**

salir :       ......... / .........
traer :       ......... / .........
ver :         ......... / .........
decir :       ......... / .........
haber :       ......... / .........
tener :       ......... / .........

**127. Ponga el verbo entre paréntesis en la forma adecuada del presente de subjuntivo**

1. Quiero que (tú - descansar) ...... más.
2. Es necesario que me (ella - dar) ...... su número de teléfono.
3. Vendré cuando (Vd. - querer) ......
4. Saldremos a la calle aunque (llover) ......
5. Lo repito para que lo (tú - entender) ...... mejor.
6. Lo hará si se lo (nosotros - pedir) ......
7. Comeremos lo que nos (apetecer) ......

**128. Dé las primeras personas (singular y plural) del imperfecto de subjuntivo de los siguientes verbos**

pensar:       ......... / .........
correr:       ......... / .........
salir:        ......... / .........
escribir:     ......... / .........
desear:       ......... / .........


**129. Dé las segundas personas (singular y plural) del imperfecto de subjuntivo de los siguientes verbos**

repetir:      ......... / .........
seguir:       ......... / .........
pedir:        ......... / .........
morir:        ......... / .........
preferir:     ......... / .........


**130. Use el artículo determinado apropiado**

1. Me duelen ...... muelas.
2. Me hacen daño ...... zapatos.
3. ¿Le duele a Vd. ...... cabeza?
4. Se rompió ...... pierna derecha.
5. Se cortó ...... pelo.
6. Pedro se puso ...... chaqueta.
7. Llevas ...... pantalones rotos.
8. Tengo que lavarme ...... dientes.
9. Perdí ...... cartera en el metro.
10. Tengo ...... manos frías.

## 131. Preposiciones DE y EN. Elija la adecuada

1. Se marchó .de. España en... 1983.
2. Me gusta fumar .en. pipa.
3. ¿Cuántas pesetas hay .en. un duro?
4. Se presentó de. repente.
5. No tengo el gusto .de. conocerle.
6. Tengo interés .en. ver ese partido.

## 132. Conteste a las siguientes preguntas

1. ¿Cómo se llama el que no ve?
2. ¿...... el que no oye?
3. ¿...... el que no puede hablar?
4. ¿...... el que anda con dificultad?
5. ¿...... el que habla con dificultad?
6. ¿...... el que le falta un brazo?
7. ¿...... el que le falta un ojo?
8. ¿...... el que no tiene pelo en la cabeza?
9. ¿...... el que es demasiado bajo?
10. ¿...... el que tiene la vista cruzada?

**Apuntes de clase**

**133.  Dé las terceras personas (singular y plural) del imperfecto de subjuntivo de los siguientes verbos**

traducir :   ......... / .........
leer :   ......... / .........
conducir :   ......... / .........
caer :   ......... / .........
sustituir :   ......... / .........

**134.  Dé las personas del singular del imperfecto de subjuntivo de los siguientes verbos**

tener :   ......... / ......... / .........
estar :   ......... / ......... / .........
ser :   ......... / ......... / .........
haber :   ......... / ......... / .........
poder :   ......... / ......... / .........
andar :   ......... / ......... / .........

## 135. Dé las personas del plural del imperfecto de subjuntivo de los siguientes verbos

saber : ......... / ......... / .........

poner : ......... / ......... / .........

decir : ......... / ......... / .........

venir : ......... / ......... / .........

ir : ......... / ......... / .........

querer : ......... / ......... / .........

dar : ......... / ......... / .........

caber : ......... / ......... / .........

## 136. Ponga el verbo entre paréntesis en la forma adecuada del imperfecto de subjuntivo

1. Quería que (tú - descansar) ...... más.
2. Era necesario que me (ella - dar) ...... su número de teléfono.
3. Vendría cuando (Vd. - querer) ......
4. Saldríamos a la calle aunque (llover) ......
5. Lo repitió para que lo (tú - entender) ...... mejor.
6. Lo haría si se lo (nosotros - pedir) ......
7. Comeríamos lo que nos (apetecer) ......

## 137. Elíjase el adjetivo de la lista de la derecha que pida el sentido de la frase

1. Las calles de Toledo son muy ......      natural
2. Cuando llueve, las nubes son ......      gris
3. El boxeo, para muchos, es un deporte ......      sencillo
4. Los zumos ...... son más sabrosos que los de bote.      cruel
5. Este problema es muy ......      estrecho

## 138. Úsense las formas MUY o MUCHO en las siguientes frases, según convenga

1. Sabía ......
2. Esto está ...... bien.
3. Ese tío habla ......
4. Estamos ...... contentos.
5. Era un chico ...... formal.
6. Trabaja ... y ...... bien.
7. María es ...... simpática.
8. Ha vivido ......
9. Te quiero ......
10. La encontré ...... triste.
11. Me gusta la carne ...... hecha.

## 139. Haga frases que tengan sentido con las siguientes palabras

Hacienda

taberna (tasca)

parador de turismo

bolera

marisquería

discoteca

pensión

gestoría

boutique

heladería

# Apuntes de clase

**140. Dé la forma adecuada del presente o imperfecto de subjuntivo, según los casos**

1. Prefiero que te (tú - poner) ...... el sombrero nuevo.
2. Me gustaría que me lo (ellos - enviar) ...... a casa.
3. ¿Me permite Vd. que (yo - fumar) ......?
4. Nos extrañó que no (ellos - llamar) ......
5. ¡Siento mucho que no (Vd. - encontrarse) ...... bien.
6. Dijo a su secretaria que (ella - pasar) ...... la carta a limpio.


**141. Dé la forma adecuada del presente o imperfecto de subjuntivo, según los casos**

1. Es una lástima que no (hacer) ...... sol.
2. Era necesario que (ellos - presentar) ...... su carnet de identidad.
3. Es lógico que (ella - estar) ...... cansada.
4. Era normal que la gente (protestar) ......
5. Es posible que (ellos - conocer) ...... la noticia.
6. Es horrible que (haber) ...... guerras.


**142. Dé la forma adecuada del presente o imperfecto de subjuntivo, según los casos**

1. Entraré cuando (entrar) ...... los demás.
2. Ya lo sabía antes de que me lo (ellos - decir) ......

5

3. Lo reconocería tan pronto como (yo - verle) ......
4. Os invito a todos en cuanto (nacer) ...... mi primer hijo.
5. No bailaré contigo hasta que (tú - aprender) ...... a bailar.
6. Ven a casa cuando (tú - querer) ......


**143. Dé la forma adecuada del presente o imperfecto de subjuntivo, según los casos**

1. Beberé whisky aunque no me (sentar) ...... bien.
2. Se casaría con él aunque no (él - tener) ...... dinero.
3. No lo creeré aunque lo (yo - ver) ...... con mis propios ojos.
4. Estaría delgada aunque (ella - comer) ...... mucho.
5. No lo haré aunque me (ellos - matar) ......


**144. Ponga el artículo determinado delante de los siguientes nombres de ciudades y países**

| | |
|---|---|
| Argentina | Brasil |
| Florida | Coruña |
| Canadá | Pakistán |
| India | Uruguay |
| Cairo | China |


**145. Deletree las siguientes palabras y haga la separación silábica**

| | |
|---|---|
| kilo | Jaime |
| wáter | querer |
| horror | niño |
| ayer | pollo |
| bien | |

**146. Conteste a las siguientes preguntas con la palabra adecuada**

1. ¿Con qué nos lavamos la cabeza?
2. ¿Con qué se pintan los labios?
3. ¿Con qué se abre una lata de conservas?
4. ¿Con qué se limpian los zapatos?
5. ¿Qué prendas de vestir se necesitan cuando llueve?
6. ¿Qué se usa para comer la carne?

**Apuntes de clase**

**147. Dé la forma adecuada del presente o imperfecto de subjuntivo, según los casos**

1. Se asomó al balcón para que lo (ellos - ver) ......
2. Voy a encender el calentador para que te (tú - duchar) ......
3. Regaron las calles para que (estar) ...... limpias.
4. Te traigo estas instrucciones para que las (leer) ......
5. Me dio el impreso para que lo (yo - fotocopiar) ......

**148. Dé la forma adecuada del presente o imperfecto de subjuntivo, según los casos**

1. Te presto el dinero con tal de que me lo (tú - devolver) ......
2. Llegará en punto a no ser que (haber) ...... algún atasco.
3. Yo no viajaría en avión a menos que no (yo - tener) ...... más remedio.
4. Le pagaré el doble con tal de que (Vd. - trabajar) ...... seis horas más a la semana.
5. No lo entenderán a no ser que se lo (ellos - explicar) ...... otra vez.

**149. Dé la forma adecuada del presente o imperfecto de subjuntivo, según los casos**

1. Los que (llegar) ...llegen... tarde, no podrán entrar.
2. Necesito una chica que (saber) ..saba. cuidar niños.
3. Lo que (él - elegir) ..elegrera. sería aceptado.

4. Quien (conocer) ...... *conozcas* la solución, que levante la mano.
5. El que (encontrar) ...... *encuentre* la cartera, tendrá una recompensa.
6. Necesitamos a alguien que (hablar) ...... ruso perfectamente. *hablemos*

## 150. Elija de la columna de la derecha el adjetivo que pida el sentido de la frase en cada caso

1. No emplee Vd. esa expresión porque se considera muy ...... *vulgar*
2. Las bebidas en España no son ...... *caro*
3. Después de mi enfermedad, me sentía muy ...... *débil*
4. Los temas del examen fueron ...... *fácil*
5. Las encerraron en un manicomio porque estaban ...... *loco*

débil
vulgar
caro
fácil
loco

## 151. Úsense las palabras ALGUIEN o NADIE en las siguientes frases, según convenga

1. ¿No ha llegado ...... todavía?
2. ¿Ha visto ...... a Pepe?
3. No fue ...... a la reunión.
4. ¿Hay ...... aquí?
5. Esto es un misterio: ...... sabe lo que pasa.
6. No ha salido con ...... la semana pasada.
7. Esto debe ser de ......
8. No se molesta por ......
9. ¿Conoces a ...... en el Ayuntamiento?
10. Esta carta debe ser para ...... de casa.

## 152. Explique el significado de las siguientes frases con el verbo HACER

1. Hacía la compra todos los días por la mañana.
2. A nadie le gusta hacer el ridículo.
3. ¡Pórtate bien y no hagas el tonto!
4. ¿A quién le toca hacer la cena hoy?
5. Si no puede venir, ¡qué le vamos a hacer!
6. Mañana tengo que hacer dos exámenes.

## 153. Conteste a las siguientes preguntas

1. ¿Qué animales se suelen tener en casa?
2. ¿Qué animal es el rey de la selva?
3. ¿Qué animal da leche?
4. ¿Qué animal da lana?
5. ¿Qué animal tiene el cuello muy largo?
6. ¿Qué animal rebuzna?
7. ¿Qué pájaro puede hablar?

# Apuntes de clase

**154. Dé la forma adecuada del presente o imperfecto de subjuntivo de los verbos entre paréntesis, según los casos**

1. ¡Ojalá me (equivocar) ......!
2. ¡Ojalá (yo - tener) ...... tu edad!
3. ¡Quién (tener) ...... tanto dinero como él!
4. ¡(Hacer) ...... Vd. el favor de dejarme en paz!
5. ¡Maldita (ser) ......! ¡Qué mala suerte tengo!
6. ¡Quién (estar) ...... soltero y sin compromiso!

**155. Dé la persona y tiempo apropiados del indicativo de los verbos entre paréntesis**

1. ¿Crees que los obreros (estar) ...... de huelga?
2. Observo que aquí nunca (cambiar) ...... nada.
3. ¿Notáis que (haber) ...... menos muebles?
4. Vemos que la ciencia (avanzar) ...... de día en día.
5. ¿Te acuerdas de que hoy (ser) ...... mi cumpleaños?
6. Sabemos que ya no (ellos - vivir) ...... aquí.

**156. Dé la persona y tiempo apropiados del indicativo de los verbos entre paréntesis**

1. Está claro que el precio del petróleo no (bajar) ......
2. Conste que este pescado (ser) ...... fresco.
3. Menos mal que (yo - tener) ...... buena salud.

4. Parece que el tiempo (ir) ...... a cambiar.
5. Es verdad que (yo - fumar) ...... demasiado.
6. Es evidente que la ciencia de moda (ser) ...... la informática.

### 157.  Conteste a las siguientes preguntas

1.  ¿Qué edad tiene Vd.? :
2.  ¿Cuánto mide Vd.? :
3.  ¿A qué distancia vive Vd. de la Universidad? :
4.  ¿Cuántos metros de ancho tiene su calle? :
5.  ¿Cuántos años tiene su abuela? :
6.  ¿Qué altura tiene la torre Eiffel? :
7.  ¿Cuántos metros de largo tiene su habitación?
8.  ¿Cuántos kilómetros de longitud tiene el río Nilo?
9.  ¿Cuánto mide este'trozo de tela?
10.  ¿A qué distancia está el aeropuerto?

### 158.  Complétense las siguientes frases utilizando el posesivo apropiado, según el modelo

MODELO: Esta es *mi* casa → esta casa es *mía*.

1.  Aquéllos son *tus* zapatos → aquellos zapatos son ......
2.  Éste es *su* gato → ese gato es ......
3.  Éste es *mi* abrigo → este abrigo es ......
4.  Ése es *tu* peine → ese peine es ......
5.  Éste es *vuestro* portal → este portal es ......
6.  Aquélla es *su* blusa → aquella blusa es ......
7.  Ésta es *nuestra* finca → esta finca es ......
8.  Ésas son *sus* medias → esas medias son ......
9.  Éstos son *vuestros* apuntes → esos apuntes son ......
10.  Aquélla es *tu* maleta → aquella maleta es ......

## 159. Preposiciones A y SIN. Elija la adecuada

1. Llegaremos ...... Bilbao ...... medianoche.
2. Duerme .sin. pijama.
3. Me ayudó .a. arreglar la cerradura.
4. Todos comimos .sin. ganas.
5. Estamos decididos ..a... quedarnos.
6. Es un hombre .sin. futuro.

## 160. Dígase el nombre de los que se dedican a las siguientes actividades

Medicina         Ingeniería
Leyes (Derecho)  Política
Enseñanza        Diplomacia
Física           Arte
Química

**Apuntes de clase**

### 161. Dé la persona y tiempo adecuados del indicativo

1. Voy al teatro cuando (yo - tener) ...... tiempo.
2. Se constipa cada vez que (él - salir) ......
3. En cuanto me acuesto me (dormir) ......
4. Tan pronto como llega a casa se (poner) ...... la bata.
5. En cuanto come (él - echarse) ...... la siesta.
6. Cada vez que me ve, el perro (empezar) ...... a ladrar.

### 162. Dé la persona y tiempo adecuados del indicativo

1. A veces bebe coñac, aunque no le (sentar) ...... bien.
2. Se va a casar con él, aunque no le (querer) ......
3. No quiero creerlo, aunque sé que (ser) ...... verdad.
4. Están muy delgadas, aunque (ellas - comer) ...... mucho.
5. No me acuerdo de su nombre, y eso que (yo - hablar) ...... con él todos los días.

### 163. Dé la persona y tiempo adecuados del indicativo

1. Baja la persiana porque (entrar) ...... mucho sol.
2. Como hoy es domingo, (yo - ir) ...... a los toros.
3. No entendemos de ese tema, así que no (nosotros - opinar) ......
4. Ha vivido en Francia siete años, por eso (él - hablar) ...... francés perfectamente.

5. No quiero jugar al ajedrez contigo porque siempre me (tú - ga-nar) ......
6. Me convence tu argumento, así que no (yo - insistir) ......


### 164. Conteste a las siguientes preguntas, repitiendo el verbo en 1.ª persona

1. ¿A qué hora se levanta Vd.? :
2. ¿A qué hora desayuna Vd.? :
3. ¿A qué hora entra Vd. a trabajar? :
4. ¿A qué hora sale Vd. de trabajar? :
5. ¿A qué hora come Vd.? :
6. ¿A qué hora cena Vd.? :
8. ¿A qué hora ve Vd. la televisión? :
9. ¿A qué hora se acuesta Vd.? :
10. ¿A qué hora toma Vd. el aperitivo? :


### 165. Rellene los puntos con el verbo específico que necesite el contexto

1. El reloj está atrasado.
2. Hoy hace mucho calor.
3. Ayer (él) cumplió 28 años. compleó
4. Tenemos que ir de viaje al extranjero.
5. Hilda tuvo mucha prisa.
6. Haga Vd. el favor de dar cuerda al reloj.


### 166. Díganse los sustantivos abstractos correspondientes a los siguientes adjetivos

| | |
|---|---|
| bueno | amigo |
| rico | malo |
| oscuro | alto |
| joven | alegre |

**Apuntes de clase**

### 167. Dé la persona y tiempo apropiados del indicativo

1. Los que (llegar) ...... tarde no pueden entrar.
2. Conozco un chico que (cantar) ...... flamenco muy bien.
3. Lo que Vd. (proponer) ...... es una tontería.
4. María es la que (conocer) ...... la solución.
5. El que (compra) ...... barato, compra mal.
6. Quien mucho (correr) ...... pronto se cansa.

### 168. Dé la persona y tiempo adecuados del indicativo

1. Si (yo - tener) ...... tiempo, iré.
2. Si (Vd. - coger) ...... el metro, llegará en seguida.
3. Si (tú - leer) ...... este artículo, te enterarás muy bien.
4. Si (Vds. - aparcar) ...... bien, no les pondrán una multa.
5. Os daré la respuesta, si (vosotros - esperar) ...... un minuto más.
6. El ganará el concurso, si se lo (tomar) ...... más en serio.

### 169. Dé la persona y tiempo adecuados del indicativo

1. ¿Te acuerdas de que hoy (ser) ...... nuestro aniversario de bodas?
2. Menos mal que (funcionar) ...... el ascensor.
3. Cada vez que (ella - comer) ...... marisco, tiene alergia.
4. No me gusta ese cantante, aunque (yo - reconocer) ...... que canta bien.

5. Valencia exporta naranjas porque las (producir) ...... en gran cantidad.
6. Nunca hace lo que le (ellos - mandar) ......
7. Si (vosotros - perder) ...... la paciencia, fracasaréis.

## 170. Léanse las siguientes frases

1. Oviedo está a 420 km. de Madrid.
2. Un kilómetro tiene 1.000 metros.
3. Esto pesa 1 kilo, 800 g.
4. Hemos comprado 15 litros de aceite.
5. ¿Quiere Vd. darme 1/2 kg. de mantequilla?
6. Sólo quiero 1/4 kg. de carne.
7. Valencia tiene más de un 1.000.000 de habitantes.
8. He engordado 2,5 kg. este mes.
9. La novela tiene 353 págs.
10. Han vendido 7.500 ejemplares de ese libro.

## 171. Díganse los sustantivos de significación contraria a las siguientes

| | |
|---|---|
| verdad | juventud |
| techo | salida |
| final | luz |
| líquido | amigo |
| nativo | odio |

## 172. Úsense las palabras ALGO o NADA en las siguientes frases, según convenga

1. ¿Te pasa ......?
2. No me importa ......
3. Me contó ...... que me sorprendió mucho.
4. Nunca dice ......

5. ¿Quiere Vd. ...... más?
6. No hay ...... que hacer.
7. Por ...... lo habrá hecho.
8. Es muy buena persona; no se enfada por ......
9. Este aparato no sirve para ......
10. Como dijo Calderón: ...... es verdad ni es mentira.


**173. Utilice los siguientes modismos en frases que tengan sentido**

Dar coba a alguien.
No andarse por las ramas.
Estar de buenas (malas).
Estar a régimen.
Estar en estado.
Llevarse bien (o mal) con alguien.

**Apuntes de clase**

**174. Dé el gerundio de los siguientes verbos**

| | |
|---|---|
| bailar | saltar |
| beber | temer |
| recibir | subir |

**175. Dé el gerundio de los siguientes verbos**

| | | |
|---|---|---|
| pedir | repetir | morir |
| venir | decir | dormir |
| vestir | corregir | sentir |

**176. Dé el gerundio de los siguientes verbos**

| | | |
|---|---|---|
| traer | huir | caer |
| destruir | construir | ir |
| leer | creer | oír |
| reír | freír | |

**177. Dé la forma del gerundio de los verbos entre paréntesis**

1. Estoy (ver) ...... la televisión.
2. Ella estaba (dormir) ...... cuando entré.
3. Estuvimos (viajar) ...... por el extranjero.

4. Está (leer) ...... una novela policíaca.
5. Estaba (elegir) ...... los muebles.
6. ¿Por qué estás (medir) ...... la habitación?
7. La madre estaba (besar) ...... al niño.
8. El agua está (hervir) ......
9. Estuvieron (comer) ...... juntos.
10. Estuvisteis (conducir) ...... toda la noche.


## 178. Escríbase el acento sobre las palabras en cursiva que lo necesiten

1. Ya no quiero *mas*.
2. *Si* no lo veo, no lo creo.
3. Ya he recibido *tu* cheque.
4. Prefiero el *te* al café.
5. No me gusta discutir con *el*.
6. *Si*, señor, tiene Vd. mucha razón.
7. *Tu* no fuiste a verle, ¿verdad?
8. *Te* aconsejo que *te* cuides.
9. *El* río no llevaba agua.


## 179. Úsense las palabras TODO o NADA en las siguientes frases, según convenga

1. Me gusta ......
2. No le divierte ......
3. ...... de lo que dijiste es verdad.
4. ¡Muchas gracias! - ¡De ......!
5. Creo que ya tengo ...... arreglado.
6. Ante ......, debemos tener paciencia.
7. Es muy ambicioso; no se conforma con ......
8. Me parece que no está muerto del ......
9. Te estoy muy agradecido por ......

## 180. Conteste a las siguientes preguntas

1. ¿Qué animal tiene trompa?
2. ¿Cuál es el mamífero marino más grande?
3. ¿Qué ave trae a los niños de París, según la tradición española?
4. ¿Qué ave pone los huevos que comemos?
5. ¿Qué pájaro es el más corriente en su país?
6. ¿Qué animal salvaje es como un gato grande?
7. ¿Qué animal se ha utilizado hasta el siglo pasado para tirar de los vehículos?

**Apuntes de clase**

**181. Sustituya la forma de futuro en cursiva por la perífrasis verbal IR A + infinitivo, según el modelo**

MODELO: *Saldré a la calle* → *Voy a salir* a la calle.

1. *Lo celebraremos* →
2. *¿Cortarás* tú el pastel en la fiesta? →
3. *Se negarán* a asistir →
4. *Pintaré* la fachada de blanco →
5. *¿Plantarás* lechugas? →
6. *¿Devolverá* Vd. el regalo? →

**182. Contraste HAY que ≠ TENER QUE. Cambie estas frases según el modelo**

MODELO: *Tenemos que* comer → *Hay que* comer.

1. *Vds. tienen que* sacar el perro a pasear →
2. *Vosotras no tenéis que* devolver la invitación →
3. *Tienen que* arreglar el frigorífico →
4. *Tenemos que* invitarlos →
5. *Tiene que* decidirse rápidamente →
6. *Tiene que* colocarlo bien →

**183. Utilice la perífrasis IR A, TENER QUE o HAY QUE según los casos, para contestar a las siguientes preguntas**

1. ¿Qué vais a hacer el verano que viene?
2. ¿Qué necesitas para ir de camping?
3. ¿Comeremos mañana juntos? Sí / no ......
4. ¿Es obligatorio que yo vaya?
5. ¿Tienes que firmar la solicitud?
6. ¿Lloverá mañana?

**184. Conteste a las siguientes preguntas utilizando una fecha**

1. ¿A cuántos estamos hoy? :
2. ¿En qué fecha nació Vd? :
3. ¿Cuándo empiezan sus vacaciones de verano? :
4. ¿Qué día del mes fue ayer? :
5. ¿Cuándo es su cumpleaños? :
6. ¿En qué fecha cae la Semana Santa este año? :
7. ¿En qué fecha se casaron sus padres? :
8. ¿Cuándo se celebra el día de San Valentín? :
9. ¿Qué día es su santo? :
10. ¿Cuál es la fecha del descubrimiento de América? :

**185. Preposiciones DE y CON. Elija la adecuada**

1. ¡Haga el favor .de. decirme la hora que es!
2. Se tiró a la piscina ~~con~~ cabeza. de
3. Le gusta la comida .con. poca sal.
4. La máquina .de. escribir está estropeada.
5. No se lleva nada bien con. su hermana.
6. No somos partidarios .de. la violencia.

**186. Rellene los puntos con la palabra que exija el contexto**

1. Una ~~.....~~ de pan. [handwritten: barra, ola barra]
2. Una ..... de melón. [handwritten: rodaja / o raja]
3. Una ~~.....~~ de jamón. [handwritten: loncha, tajada of chicken Porria]
4. Una ~~.....~~ de cerveza. [handwritten: botella, caña]
5. Una ~~.....~~ de anís. [handwritten: botella, ano]
6. Un ..... de uvas. [handwritten: racimo]

# Apuntes de clase

**187. Transforme las siguientes frases, según el modelo**

MODELO:
{
Trabaja (está trabajando). allí desde hace siete años →
*Lleva trabajando* allí siete años.

Trabajaba (estaba trabajando) allí desde hacía siete años → *Llevaba trabajando* allí siete años.
}

1. Te espera desde hace diez minutos →
2. Estaban construyendo la casa desde hacía dos años →
3. Está hablando por teléfono desde hace media hora →
4. El niño estaba gritando desde hacía un cuarto de hora →
5. El cura predica desde hace media hora →

**188. Transforme las siguientes frases, según el modelo**

MODELO: Él
{
está trabajando
*trabaja* allí (7 años) →
{ *Hace* 7 años *que* trabaja allí.

estaba trabajando
*trabajaba* allí (7 años) →
{ *Hacía* 7 años *que* trabajaba allí.
}

1. Te espera (10 minutos) →
2. Te esperaba (10 minutos) →
3. Están construyendo la casa (2 años) →
4. Estaban construyendo la casa (2 años) →
5. Estaba hablando por teléfono (media hora) →

156

6. Está hablando por teléfono (media hora) →
7. El niño estaba gritando (un cuarto de hora) →
8. El niño está gritando (un cuarto de hora) →
9. El cura predica (hora y media) →
10. El cura predicaba (hora y media) →

### 189. Transforme las siguientes frases, según el modelo

MODELO:
Hace siete años que trabaja (está trabajando) allí → Trabaja (está trabajando) allí *desde hace* siete años.

Hacía siete años que trabajaba (estaba trabajando) allí → Trabajaba (estaba trabajando allí) desde hacía siete años.

1. Hace diez minutos que te espera →
2. Hacía dos años que estaban construyendo la casa →
3. Hace media hora que está hablando por teléfono →
4. Hacía un cuarto de hora que el niño estaba gritando →
5. Hace hora y media que predica el cura →

### 190. Léanse las siguientes operaciones aritméticas

1. $2 + 2 = 4$
2. $5 - 3 = 2$
3. $4 \times 4 = 16$
4. $12 : 4 = 3$
5. $7 + 7 = 14$
6. $9 - 1 = 8$
7. $10 \times 5 = 50$
8. $56 : 8 = 7$

## 191. Úsense las palabras BIEN o BUENO (buen -o -a -os -as) en las siguientes frases, según convenga

1. Este pescado sabe muy ......
2. Esa obra de teatro era bastante ......
3. El aire de la montaña me sienta ......
4. ¡Qué ...... es Santiago!
5. La lluvia es muy ...... para el campo.
6. Ese artículo está bastante ...... escrito.
7. No estaban ...... de salud.
8. Sus notas no eran ......
9. Ayer hizo muy ...... día.
10. ¡...... noches a todos!
11. Tu amigo es un ...... chico.
12. Ése sí que es un ...... coche.
13. Esto no está ...... hecho.
14. Le gustaba el ...... vino.
15. Fue una ...... oportunidad.
16. No es ...... trabajar demasiado.
17. Este queso no huele ......
18. ¡Qué ... sabe esta tortilla!

## 192. Conteste a las siguientes preguntas

1. ¿Cómo se llaman los «huesos» del pescado?
2. ¿Cómo se llama la parte exterior de una pera?
3. ¿Cómo se llama la parte exterior de una nuez?
4. ¿Cómo se llama la parte exterior de un huevo?
5. ¿Cómo se llama la parte blanda del pan?
6. ¿Cómo se llama la parte amarilla del huevo?
7. ¿Cómo se llama la parte blanca del huevo?
8. ¿Cómo se llama la parte exterior del pan?

**Apuntes de clase**

### 193. Transforme según el modelo

MODELO: El fuego destruyó la casa → La casa *fue destruida por* el fuego.

1. Isabel abrió la carta →
2. Picasso pintó «El Guernica» →
3. Un coche atropelló a un niño →
4. El ministro de Hacienda presentó el presupuesto →
5. El Congreso aprobó la ley de divorcio →
6. La policía capturó a los terroristas →

### 194. Transforme según el modelo

MODELO: Pagaron las facturas → Las facturas *se pagaron*.

1. Pintaron las paredes →
2. Recogieron los platos →
3. Leyeron las cifras →
4. Resuelven las dificultades →
5. Regaron las calles →
6. Examinan los documentos →

## 195. Transforme según el modelo

MODELO: *Dicen* que habrá elecciones pronto → *Se dice* que habrá
elecciones pronto.

1. Protestan por la subida de los precios →
2. Reconocen que tenemos razón →
3. Criticaban que se gastara tanto dinero en armamento →
4. Ahora permiten el juego en España →
5. En esta tienda hablan portugués e italiano →
6. Prohíben cantar y bailar →

## 196. Repita las siguientes frases empleando la partícula SE y el verbo en la voz activa

1. El aeroplano fue inventado a principios de siglo.
2. Estas casas fueron construidas el año pasado.
3. Estos cañones habían sido hechos para la guerra del 14.
4. El fondo de los mares todavía no ha sido explorado totalmente.
5. Estos coches son revisados con mucho cuidado.
6. Esos trajes ya han sido enviados a la tintorería.

## 197. Ponga las siguientes frases en la voz activa

1. El niño fue mordido por un perro.
2. La casa fue destruida por el fuego.
3. Esta mañana, el señor Pérez ha sido nombrado presidente de la empresa por todos los consejeros.
4. Ese torero había sido cogido por el toro varias veces.
5. Éste es un libro muy leído por la gente joven.
6. El ministro fue asesinado por un loco.
7. Este coche será muy bien acogido por el público.
8. Sus palabras eran esperadas con impaciencia por todo el mundo.

## 198. Utilice la palabra que exija el contexto

1. Una ...... de sardinas en conserva.
2. Un ...... de melocotón en almíbar.
3. Un ...... de pasta dentífrica.
4. Una ...... de gambas a la plancha.
5. Una ...... de huevos.
6. Una ...... de bombones.

**Apuntes de clase**

### 199. Póngase el relativo QUE en las siguientes frases

1. Devuélveme el dinero ...... te di.
2. El jugador ...... se lesionó es el defensa central.
3. Todos los bolígrafos ...... tengo ahora son rojos.
4. Todas las secretarias ...... trabajan aquí saben inglés.
5. Visitaron el castillo ...... hay en las afueras de la ciudad.

### 200. Póngase el relativo QUIEN (-ES) en las siguientes frases

1. Me gusta la chica con ...... hablabas.
2. Este es el mecánico de ...... te hablé.
3. No me gustan las personas a ...... invitaste.
4. Yo bailo con ...... quiero.
5. Ayudamos a ...... lo necesitan.

### 201. Póngase el relativo EL (LA, LOS, LAS) QUE en las siguientes frases

1. ...... ...... tienen miedo son ellas.
2. ...... ...... escuche con atención, aprenderá.
3. ...... ...... cocina bien es José María.
4. ...... ...... tose es tu hermano.
5. ...... ...... protestaban eran los parados.

## 202. Sustituya EL (LA, LOS, LAS) QUE por QUIEN(ES) en las siguientes frases

1. Los que (......) tienen miedo son ellos.
2. El que (......) escuche con atención, aprenderá.
3. La que (......) cocina bien es Clara.
4. El que (......) tose es tu hermano.
5. Los que (......) protestaban eran los parados.

## 203. Póngase el relativo LO QUE en las siguientes frases

1. No comprendo ...... te pasa.
2. No era experto en ...... hablaban.
3. Esto es ...... necesito.
4. Estoy de acuerdo con ...... dices.
5. ...... pasa allí es incomprensible.

## 204. Ponga la forma correcta del adjetivo entre paréntesis

1. ¿No has tenido miedo en (alguno) ...... momento?
2. Se compró un (bueno) ...... televisor.
3. La mayor parte de las procesiones salen el Viernes (Santo) ......
4. No llovió (ninguno) ...... día.
5. Vivía en un (grande) ...... piso.
6. (Cualquiera) ...... día iré a visitarte.
7. (Santo) ...... Tomás es el padre de la Escolástica.
8. (Alguno) ...... vez iré a América.
9. No me dio (ninguno) ...... solución.
10. La isla de (Santo) ...... Domingo está en las Antillas.

**205.** **Fórmense los derivados de las siguientes palabras según la frase modelo y haga una frase con cada uno**

MODELO: *Dar un golpe con el puño = un puñetazo.*

pata            cabeza
botella         pelota
balón           codo
empujar         mano
cañón           rodilla
vista           bala

# Apuntes de clase

### 206. Ponga la preposición PARA en las siguientes frases

1. Esta máquina es ...... escribir.
2. Salimos ...... Barcelona a las ocho.
3. ...... levantarse temprano hay que acostarse pronto.
4. ...... mañana deben estudiar Vds. esta lección.
5. ...... ir al centro hay que coger dos autobuses.
6. Aquí hay paella suficiente ...... tres personas.
7. ...... ganar dinero tienes que dedicarte a los negocios.
8. Sólo dos palabras más ...... terminar.

### 207. Ponga la preposición PARA en las siguientes frases

1. Este ejercicio es ...... el viernes.
2. ¿...... qué sirve esta palanca?
3. ¿...... quién es esa botella?
4. Luisa estudia ...... arquitecto.
5. Estas gafas son ...... vista cansada.
6. Abre la ventana ...... que entre el fresco.
7. Estoy siguiendo un tratamiento ...... no fumar.
8. ¡Camarero, queremos una mesa ...... cuatro!

## 208. Ponga la preposición POR en las siguientes frases

1. ¡Oye, tío; me muero ...... tí!
2. Cambió su reloj ...... el mío.
3. ¿...... dónde has venido?
4. Me lo vendió ...... 5.000 ptas.
5. ¡...... Dios; no digas tonterías!
6. Lo oí ...... la radio.
7. He pagado más de 30.000 ptas. ...... el cuadro.
8. Cinco ...... cinco son veinticinco.
9. Me enviaron el paquete ...... correo.
10. Tocamos a veinte duros ...... persona.

## 209. Ponga la preposición POR en las siguientes frases

1. El contrato fue firmado ...... los interesados.
2. ¿... qué protestas tanto?
3. Al mercado se va ...... allí.
4. Tengo que llamar ...... teléfono.
5. Ha viajado ...... toda Europa.
6. Bajó ...... las escaleras.
7. Lo cogió ...... la chaqueta.
8. ¡Pregunte Vd. ...... el médico de guardia!

## 210. Ponga la preposición POR en las siguientes frases

1. Me gusta pasear ...... las calles.
2. Lo tomaron ...... tonto.
3. Pasó ...... debajo del puente.
4. Saltó ...... encima de la tapia.
5. No lo hagas ...... mí.
6. He perdido esta oportunidad ...... tu culpa.
7. Necesitas otro par de zapatos ...... lo menos.
8. ...... lo general llueve poco en esta región.

## 211. Utilice el verbo específico que necesite el contexto

1. Antes de empezar, tiene Vd. que ...... me una idea de lo que tengo que hacer.
2. No creemos que él ...... razón.
3. Después de cenar, ellos siempre ...... una vuelta.
4. Tengo que ...... las entradas para el partido.
5. A él no le gusta ...... riesgos innecesarios.
6. ¡Un momento! Quiero ...... una pregunta a ese señor.
7. El ejercicio le ...... muy bien.
8. Me apetece ...... un trago.
9. Está contento porque ha ...... el examen.


## 212. Explique el significado de las siguientes frases con el verbo PONER

1. Si esperas un momento, te ayudo a poner la mesa.
2. Aunque no te guste, tienes que ponerle buena cara.
3. ¡Oiga! ¿Qué pone ahí? ¡No puedo entenderlo!
4. En esta casa siempre está puesta la televisión. ¡Ya está bien!
5. ¡Ponga Vd. mucho cuidado en lo que hace!
6. Esta mañana no conseguí poner en marcha el coche.
7. Tengo que poner en hora el reloj.

**Apuntes de clase**

# SEGUNDO CICLO

**213.** Dé la forma adecuada del presente de los verbos SER o ESTAR, según convenga

1. Lo que dice Antonio ...... verdad.
2. Trabajar siempre ...... importante.
3. No me interrumpas; ...... ocupado.
4. ¿...... que no me entiende Vd.?
5. (Yo) ...... seguro de eso.
6. ¿Quién ...... al teléfono?
7. Aquí ...... donde tuve el accidente.
8. (Ella) ...... en la cola del autobús.
9. Su padre ...... un buenazo.
10. Los Bancos sólo ...... abiertos por la mañana.

**214.** Dé la forma adecuada del pretérito imperfecto de los verbos SER o ESTAR, según convenga

1. La niña ...... jugando.
2. Los coches ...... en el garaje.
3. (Nosotros) ...... cinco.
4. ...... necesario trabajar más.
5. La obra de teatro ...... muy mala.
6. Los exámenes ...... muy bien.
7. Pío Baroja ...... novelista.
8. Vosotros ...... muy cerca.
9. La comida ...... en el restaurante Valentín.
10. ...... las siete en punto.

## 215. Dé la forma adecuada del pretérito indefinido de los verbos SER o ESTAR, según convenga

1. Tus amigos ...... dos días en casa.
2. Sus abuelos ...... muy felices en su matrimonio.
3. De joven, (él) ...... capitán de barco.
4. Ayer (nosotros) ...... viendo el combate de boxeo.
5. ...... imposible ir allí.
6. El mes pasado, (vosotros) ...... de vacaciones.
7. El accidente ...... horrible.
8. Los premios ...... para ellos.
9. (tú) ...... sentado más de dos horas.
10. Colón ...... el descubridor de América.

## 216. Ponga el artículo determinado, masculino o femenino, delante de las siguientes palabras, y añada la terminación correcta al adjetivo

águila alpin......          hacha nuev......
agua salad......           harina blanc......
amante cariños......       ama viej......
hada madrin......          ancla oxidad......
habla popul......          aula pequeñ......

## 217. Sustitúyanse las palabras en cursiva por los pronombres LE-S o LA-S, efectuando los cambios de posición necesarios

1. Esperamos *a esas señoras* hasta las siete de la tarde.
2. Puse un telegrama *a mi mujer* esta mañana.
3. Voy a llevar *a tu hermana* al teatro esta noche.
4. He dicho *a esa señorita* que tiene el pasaporte caducado.
5. Esta mañana cortamos el pelo *a la niña*.
6. Compré *una nevera nueva* para nuestra casa de campo.
7. El cartero entregó las cartas *a los vecinos*.
8. Explicó el problema *a las alumnas*.
9. Arregló *la luz de la cocina* en dos minutos.
10. Este mes no he pagado *a la casera*.

176

**218.** **Escríbase el acento en las palabras en cursiva que lo necesiten**

1. *Aun* no ha llegado el profesor.
2. ¿Sabe Vd. *quien es* ese señor?
3. *Solo* faltan cinco días para las vacaciones.
4. Me acuerdo mucho *de ti.*
5. Esto que ha hecho Vd. no *se* hace.
6. Se encontraba muy *solo.*
7. Quiero que me lo *de.*
8. *Aun* así no me interesa.
9. Todavía no lo *se.*
10. *Quien* lo sepa, que levante la mano.


**219.** **Dígase el nombre de los que se dedican a las siguientes actividades**

Escultura     Dibujo
Pintura     Piano
Arquitectura     Poesía
Decoración     Literatura
Música

**Apuntes de clase**

**220.** Ponga la forma correcta de los verbos SER o ESTAR en las siguientes frases, según convenga

1. Esto ...... muy importante para mí.
2. Siempre (él) ...... cansado.
3. Juan ...... constipado.
4. Tu amigo ...... un tonto.
5. El taxi ...... libre cuando lo llamé.
6. Esta noticia ...... increíble.
7. Esta mañana, el autobús ...... lleno.
8. Este reloj ...... siempre parado.
9. ...... necesario leer más.
10. Ya (nosotros) ...... hartos de oír tonterías.

**221.** Ponga la forma adecuada de los verbos SER o ESTAR, según convenga

1. Ahora ya ...... tarde para ir al teatro.
2. El ascensor no funciona; ...... estropeado.
3. No me sale nada bien; ...... de malas estos días.
4. Cuando llegó, (yo) todavía ...... en pijama.
5. Tu primo ...... un español típico.
6. En el siglo pasado ...... corrientes los duelos.
7. Me ha tocado la lotería; ...... de suerte.
8. La música «rock» ...... de moda.
9. ...... visto que tú nunca cambiarás; siempre ...... el mismo.
10. La biblioteca ...... cerrada por las tardes.

## 222. SER o ESTAR. Dé la forma y tiempo adecuados de uno u otro verbo

1. Ese niño ...... muy *listo*.
2. Todavía (yo) no ...... *listo* para salir.
3. El concierto de ayer ...... *aburrido*.
4. ¿Qué te pasa? (yo) ...... muy *aburrido*.
5. Irlanda ...... un país *católico*.
6. Ayer (él) no ...... muy *católico:* le dolía un poco la cabeza.
7. La conferencia del otro día ...... muy *pesada*.
8. He comido mucho hoy; ...... muy *pesado*.
9. El hijo de los vecinos ...... *malo* con los animales.
10. Ayer no pude ir a clase porque ...... *malo*.
11. Juan ...... *despistado*.
12. No tengo ni idea del camino, (yo) ...... *despistada*.
13. El paradero de esa señora ...... *desconocido*.
14. Maruja ...... *desconocida*.

## 223. Dé la forma adecuada del artículo determinado, en los casos en que sea necesario

1. ¿Sabe Vd. ...... inglés?
2. ...... griegos fueron ...... padres de ...... civilización occidental.
3. ...... año que viene estaré con vosotros.
4. He comido ...... carne al mediodía.
5. No me gusta ...... cena de hoy.
6. Todas ...... enfermedades son malas.
7. ...... tabaco es perjudicial para ...... salud.
8. Me duele ...... estómago.
9. Se metió ...... mano en ...... bolsillo.

## 224. Ponga la preposición adecuada en las siguientes frases

1. Nos reunimos todos ...... la hora ...... comer.
2. ¡Niños; ...... la cama!
3. «...... abril, aguas mil».

180

4. La uva se recoge ...... últimos de septiembre.
5. Estamos ...... vacaciones.
6. ...... Madrid ...... Sevilla hay 500 kilómetros.

**225. Díganse los verbos de significación contraria a los siguientes**

| | |
|---|---|
| poner | subir |
| amar | saber |
| llorar | dar |
| abrir | comprar |
| vestirse | |

**Apuntes de clase**

unidad **36**

(226.) **Ponga la forma adecuada de los verbos SER o ESTAR, según convenga**

1. Los mejores atletas suelen .ser.. *negros.*
2. (Yo) estoy negro porque tengo mucho que hacer.
3. ¡Qué *atento* .es. ese señor! Da gusto tratar con él.
4. Siempre (nosotros) estamos muy atentos en la clase.
5. El coche que compré ya no .es *nuevo,* pero .está casi nuevo.  *estar nuevo looks*
6. Manolo no ...... una persona *decente.*
7. Lo siento, pero no ...... decente para recibirle ahora.
8. (Yo) ...... *molesto* con tu hermano.
9. La vida en las grandes ciudades ...... muy molesta.
10. Me gusta esa chica, pero tiene un defecto; ...... demasiado *interesada.*
11. Gabriel ...... muy interesado en la política.
12. Como es muy tímido, siempre ...... *violento* delante de las chicas.
13. Los pacifistas no deben ...... violentos.

(227) **Verbos SER y ESTAR. Teniendo en cuenta que los dos verbos son posibles en la mayoría de las siguientes frases, elija la forma de presente de uno u otro verbo que parece requerir el contexto**

1. La hierba ...... verde.
   En primavera, los campos ...... verdes.
2. El café ...... amargo.
   Este café ...... amargo.

3. El agua del mar ...... salada.

   Esta sopa ...... muy salada.

4. Los pasteles ...... dulces.

   Estos pasteles ...... dulces.

5. La escalera de mi casa ...... muy oscura.

   Hoy, como se fue la luz, ...... muy oscura.

6. Rosa ...... muy alegre.

   Hoy, ...... muy alegre porque llega su novio.

7. El clima en el norte de España ...... húmedo.

   Hoy ...... muy húmedo el ambiente.

8. La paella ...... un plato muy rico.

   Hoy ...... mejor que nunca.

9. Los españoles del sur ...... morenos.

   (Nosotros) ...... morenos porque venimos de la playa.

10. En general, los boxeadores ...... fuertes.

    (Yo) ...... muy fuerte este verano.

 **228. Usos del artículo. Dé la forma adecuada del artículo determinado, en los casos en que sea necesario**

1. ¡Quítate ...... chaqueta!
2. No te olvides de darle ...... gracias.
3. ...... cáncer es una enfermedad terrible.
4. ...... gente dice muchas tonterías.
5. El público tiene ...... derecho a protestar.
6. No me gusta jugar a ...... cartas.
7. Siempre llega a ...... última hora.
8. Está Vd. perdiendo ...... tiempo.
9. Podemos hablar a ...... hora de comer.
10. No tenemos ...... tiempo para discutir.
11. A Carmen le encantan ...... aceitunas.

### 229. Conteste a las siguientes preguntas en forma abreviada, siguiendo el modelo

MODELO: *¿Está enferma tu suegra? Sí (no), lo está.*

1. ¿Es Vd. católico?
2. ¿Sabe Carmen que estás aquí?
3. ¿Necesitas ver a un médico?
4. ¿Eran aquellos señores parientes tuyos?
5. ¿Has oído que mañana es fiesta?
6. ¿Ves cómo no tenía razón?
7. ¿Estás cansado?
8. ¿Comprendes ahora por qué gritaba tanto?
9. ¿Crees posible la destrucción del mundo?
10. ¿Espera Vd. que acudan a la cita?

### 230. Úsese una de las palabras CADA, TODO-A, -OS, -AS en las siguientes frases

1. ...... vez que viene me trae un regalo.
2. Conoce a ...... el mundo en la Facultad.
3. ...... día que pasa estoy más harto.
4. ¿A cuánto tocamos ...... uno?
5. ...... nosotros hemos estado en París.
6. ...... la calle estaba en obras.
7. Lo saben ...... los que están aquí.
8. ...... uno tiene sus propios problemas.
9. Estaba durmiendo a ...... horas.
10. Me gustó ...... lo que vi.
11. ...... los días me dice lo mismo.
12. He comprado un helado para ...... uno de nosotros.
13. Ese amigo tuyo sabe de ......
14. Se enfada por ......
15. Tiene muy buen carácter; se lleva bien con ......

**231.** Dígase el nombre de los que se dedican a los siguientes oficios

1. El que hace la comida en restaurantes. *jefe de cocina*
2. El que arregla coches. *mecánico de automóviles*
3. El que arregla la instalación eléctrica. *electricista*
4. El que apaga el fuego. *bombero*
5. El que limpia las calles. *barrendero*
6. El que nos sirve en bares y restaurantes. *camarero*
7. El que arregla la instalación del agua. *fontanero*
8. La mujer que trabaja por horas en las casas. *criada  asistante*
9. El que trabaja en la construcción de casas. ~~constructor~~ *or* *premas* *albañil maestro de obras*
10. El que hace trajes para hombres. *sastre*
11. El que hace vestidos. *(coshirera)* *not really* - *modista*
12. El que trabaja en la agricultura. *agricultor*
13. El que trabaja en fábricas. *operario de máquina*
14. El que limpia los zapatos. *limpiabotas*

186

**Apuntes de clase**

**232.** Ponga los siguientes imperativos en forma negativa

1. Traémelo.
2. Decídselo.
3. Escríbanselo.
4. Cómpramelo.
5. Vendédselo.
6. Mándasela.
7. Enviádnoslo.
8. Pruébatelo.
9. Ponéoslo.
10. Dénnoslo.

**233.** Ponga los siguientes imperativos en forma afirmativa

1. No se lo digas.
2. No te lo quites.
3. No os lo pongáis.
4. No se lo limpiéis.
5. No se lo haga.
6. No nos lo regales.
7. No se lo entreguéis.
8. No os lo quitéis.
9. No me lo laves.
10. No se lo den.

**Pónganse en forma negativa las siguientes formas verbales**

| | |
|---|---|
| Destruidlos | Confiésalo |
| Dáselos | Cógelo |
| Callaros | Cerradlas |
| Pídanlo | Diviértete |
| Vénganse | Ciérrelo |
| Repetidlo | Póngaselas |
| Dímelo | Esperadme |
| Váyanse | Véalo |
| Vendedlo | Escríbelo |
| Termínalos | |

**235.** **Elija el artículo que pida el sentido de la frase, considerando que cambian de significado según el género**

la cólera anger

1. (El - la) cólera es una enfermedad endémica.  el
2. María tiene un lunar en (el - la) frente.
3. Había (un - una) cura en la estación.  un
4. Londres es (el - la) capital de Inglaterra.
5. En el piso de al lado vive (un - una) policía.  una - admin
6. (El - la) cólera es un pecado capital.  sin
7. Hubo muchas bajas en (el - la) frente.  - in war
8. Le hicieron (un - una) cura de urgencia.  una
9. Esta compañía tiene (un - una) capital de 200 millones de pesetas.
10. (El - la) policía es una organización del Estado.

**236.** **Contéstese a las siguientes preguntas, afirmativa y negativamente, repitiendo el verbo e incluyendo el pronombre LO**

MODELO: ¿Está Vd. satisfecho? Sí, *lo* estoy.

1. ¿Eran protestantes?
2. ¿Estás cansado?
3. ¿Es Vd. feliz?
4. ¿Estaban de buen humor?

5. ¿Son Vds. ricos?
6. ¿Estaba ella nerviosa?
7. ¿Ha sido Vd. soldado alguna vez?
8. ¿Está Vd. soltera?
9. ¿Fuisteis campeones de natación?


**237. Dígase el nombre de los habitantes de las siguientes ciudades, regiones y nacionalidades**

| | |
|---|---|
| Madrid | París |
| Londres | Berlín |
| Roma | Cataluña |
| Galicia | Asturias |
| Andalucía | El País Vasco |
| Valencia | Extremadura |

# Apuntes de clase

**238. Contéstese a las siguientes preguntas, utilizando
el pretérito indefinido**

1. ¿Qué hiciste las navidades pasadas?
2. ¿Dónde compró (ella) el reloj?
3. ¿Cuándo salieron para Mallorca?
4. ¿Oíste algo?
5. ¿Cómo pudo él entrar?
6. ¿Con quiénes fueron al canódromo?

**239. Dé la forma adecuada del pretérito indefinido en las siguientes
oraciones**

1. *Siempre* leía un poco en la cama; *ayer* (ella - dormirse) ...... se durmió en seguida.
2. *Todos los veranos* recibíamos postales; *aquel verano* no (nosotros - recibir) ...... ninguna.
3. *Siempre* hablaban de política; *ese día* (ellos - hablar) ...... hablaron de deportes.
4. *Todas las semanas* íbamos al museo; *aquella semana* (nosotros - quedarse) ...... en casa.
5. *Los sábados* dormíamos la siesta; *ese sábado* no la (nosotros - dormir) ......
6. *Todos los días* hacía la cama; *ayer* no la (yo - hacer) ......

**240.** Dé la forma adecuada del pretérito imperfecto o del pretérito indefinido en las siguientes frases

1. *Siempre* (ella - llevar) ...... *llevaba* a los niños al colegio; *ayer* no los llevó.
2. Nos (nosotros - ver) ...... *veíamos siempre* en el club; *ese día* nos vimos en el café.
3. (Yo) iba *todos los días* al gimnasio; *ayer* no (ir) ......
4. Todas las tardes las señoras (tomar) ...... el té; *esa tarde* no lo tomaron.
5. *Siempre* pasábamos las vacaciones en la montaña; *el año pasado* (nosotros - ir) ...... *fuimos* a la playa.
6. *Todas las mañanas* desayunaba en casa; *aquella mañana* (él - desayunar) ...... *desayunó* en el bar de la Universidad.

**241.** Léase la forma correcta del ordinal correspondiente a los números dados entre paréntesis

1. Tú fuiste el (1) hombre en mi vida.
2. Ella fue la (3) que habló.
3. Vosotros vivís en el (3) piso de la casa.
4. Para mí, Vds. son los (1).
5. ¿Has escuchado alguna vez la (3) sinfonía de Beethoven?
6. Las (1) veces que le vi, no me gustó.
7. Éste es el (3) autobús que pierdo.
8. Después del (1) whisky ya estaba un poco mareado.

**242.** Sustituya los siguientes adverbios en -MENTE por expresiones que les sean sinónimas, haciendo una frase con cada una

EJEMPLO: *Generalmente = Por lo general*

| | |
|---|---|
| repentinamente | comúnmente |
| rápidamente | secretamente |
| fácilmente | difícilmente |
| silenciosamente | eficazmente |
| sencillamente | tranquilamente |

193

**243.** Observe la frase modelo y rellene los espacios en blanco con una forma adecuada del demostrativo

MODELO: *Este coche es nuevo, pero «ésos» son viejos.*

1.  Este paquete pesa mucho, pero ...... pesan poco.
2.  Esos bolígrafos escriben mal, pero ...... escribe bien.
3.  Aquel río es estrecho, pero ...... son anchos.
4.  Estas faldas son cortas, pero ...... es larga.
5.  Ese alumno sabe mucho, pero ...... no saben nada.
6.  Aquella ventana está abierta, pero ...... están cerradas.
7.  Esa luz estaba apagada ayer, pero. ...... estaban encendidas.
8.  Aquella película era entretenida, pero ...... eran divertidas.
9.  Esta naranja es dulce, pero ...... son agrias.
10. Esas niñas estaban tristes, pero ...... estaban contentas.


**244.** Úsense las siguientes exclamaciones en frases que tengan sentido

| | | |
|---|---|---|
| ¡Ay! | ¡Zas! | ¡Ah! |
| ¡Bah! | ¡Hala! | ¡Vamos! |
| ¡Olé! | ¡Oye (Oiga)! | ¡Anda! |
| ¡Huy! | ¡Vaya! | ¡Viva! |

# Apuntes de clase

**245. Contraste entre imperfecto (valor habitual) ≠ indefinido (limitación en el tiempo). Observe la diferencia de matiz en los siguientes pares de frases**

1. En Madrid *se iba* mucho a los toros.
   En Madrid *se fue* mucho a los toros.

2. En la guerra *pasábamos* mucha hambre.
   En la guerra *pasamos* mucha hambre.

3. Aquel verano *se bebía* mucha cerveza.
   Aquel verano *se bebió* mucha cerveza.

4. *Jugábamos* al fútbol todos los domingos del año.
   *Jugamos* al fútbol todos los domingos de *aquel* año.

5. Todas las tardes *daban* un concierto en la plaza.
   Todas las tardes *dieron* un concierto en *esa* plaza.

**246. Contraste imperfecto ≠ indefinido. Haga pares de frases similares a las del ejercicio anterior con los siguientes verbos**

1. llegar: *a)* ............
            *b)* ............

2. escribir: *a)* ............
             *b)* ............

3. jugar: *a)* ............
          *b)* ............

4. cocinar: *a)* ...........
             *b)* ...........

5. pasear: *a)* ...........
            *b)* ...........


**247. Contraste entre imperfecto (acción en desarrollo) ≠ indefinido (limitación en el tiempo). Observe la diferencia de matiz en los siguientes pares de frases**

1. Manolete *moría* en la plaza de Linares el 28 de agosto de 1947, a las seis de la tarde.
   Manolete *murió* en la plaza de Linares el 28 de agosto de 1947, a las seis de la tarde.

2. El robo del banco *tenía* lugar a las tres en punto de la madrugada.
   El robo *tuvo* lugar a las tres en punto de la madrugada.

3. El Papa *pisaba* tierra española el 31 de octubre de 1982.
   El Papa *pisó* tierra española el 31 de octubre de 1982.

4. El desfile de coches antiguos *era* en El Retiro a las once de la mañana.
   El desfile *fue* en El Retiro a las once de la mañana.


**248. Contraste imperfecto ≠ indefinido. Haga pares de frases similares a las del ejercicio anterior con los siguientes verbos**

1. descubrir: *a)* ...........
              *b)* ...........

2. pintar: *a)* ...........
            *b)* ...........

3. aterrizar: *a)* ...........
              *b)* ...........

4. inaugurarse: *a)* ...........
                *b)* ...........

5. publicarse: *a)* ...........
               *b)* ...........

## 249. Dé la forma adecuada del artículo determinado, en los casos en que sea necesario

1. Les gusta ...... pan.
2. Esta mañana fui a ...... iglesia.
3. ¡Ponte ...... sombrero antes de salir!
4. Lo metieron en ...... cárcel.
5. Voy a ...... clase todos ...... días.
6. Vendré a verte ...... martes.
7. Estudio ...... filosofía.
8. Nació ...... cinco de febrero.
9. Bebe ...... vino con ...... comidas.
10. ...... vasco es un idioma interesante.
11. Te encantan ...... ostras.

## 250. Díganse los verbos de significación contraria a los siguientes

| | |
|---|---|
| sentarse | vivir |
| meter | calentar |
| venir | hablar |
| encender | limpiar |
| entrar | |

**Apuntes de clase**

**251. Ponga la forma adecuada del imperfecto o del indefinido en las siguientes frases, según convenga.**
**(Acción puntual ≠ acción en proceso)**

1. Cuando (nosotros - casarse) ......, no teníamos casa propia.
2. Cuando oí la noticia, (nosotros - tomar) ...... café.
3. Cuando (yo - llegar) ...... a Madrid, tenía 12 años.
4. Cuando se sintió el terremoto, (yo - estar) ...... en el cuarto de baño.
5. Cuando la (yo - conocer) ......, vivíamos en Londres.
6. Cuando lo (nosotros - saber) ......, ya era tarde.

**252. Ponga la forma apropiada del imperfecto de indicativo.**
**(Acción en proceso + acción en proceso)**

1. Mientras desayunaba, (él - leer) *leía* ...... el periódico. *juntos*
2. Mientras (ellas - viajar) ...... en tren, contemplaban el paisaje.
3. Mientras (yo - pasear) ......, pensaba en ella.
4. Mientras (él - tomar) ...... su cerveza, observaba el ambiente del bar.
5. Mientras dictaba el texto, el profesor (pasearse) ...... por la clase.

**253.** Contraste entre imperfecto (acción en proceso) ≠ indefinido (acción puntual). Ponga la forma adecuada del indefinido

1. Mientras desayunaba, (sonar) ...... el teléfono.
2. Mientras viajaban en tren, (robar a ellos) ...... el equipaje.
3. Mientras paseaba, (suceder) ...... el incidente.
4. Mientras tomaba su cerveza, (él darse cuenta de) ...... la situación.
5. Mientras dictaba el texto el profesor, alguien (abrir) ...... la puerta.


**254.** Contraste imperfecto ≠ indefinido. Observe la diferencia de matiz entre el imperfecto y el indefinido en los siguientes pares de frases

*Conocimos* a Margarita en una discoteca.
Ya *conocíamos* a Margarita entonces.

Ayer *supe* que tu hermano Pedro es un actor excelente.
*Sabía* que tu hermano Pedro era un actor excelente.

*Supieron* lo ocurrido nada más oír las noticias.
*Sabían* lo ocurrido porque habían estado allí.

Nos *conocieron* en un viaje de avión Madrid-Londres.
Nos *conocían* por unos amigos comunes.

*Quisieron* felicitarle, pero el teléfono estaba estropeado.
No *querían* felicitarle, porque le tenían antipatía.


**255.** Contraste imperfecto ≠ indefinido. Haga frases similares a las del ejercicio anterior con los siguientes verbos

1. Conocer: *a)* ......
   *b)* ......

2. Saber: *a)* ......
   *b)* ......

3. Querer: *a)* ......
   No querer: *b)* ......

## 256. Ponga la forma adecuada del imperfecto o del indefinido, según los casos

1. Siempre que (nosotros — verle) ......, nos decía que (él — querer) ...... acompañarnos.
2. Cada vez que cantaba, le (ellos — tirar) ...... tomates. *tiraban*
3. Aquella tarde (nosotros — aburrirnos) ...... como ostras. *imp*
4. (Yo — descubrir) ...... esa cafetería, por primera vez, hace dos semanas.
5. (Ser) *Eran* las seis de la tarde. *perdí*
6. Esta mañana (yo — perder) ...... el autobús.
7. El funeral (ser) ...... a las seis de la tarde.


## 257. Coloque el adjetivo adecuado de la columna de la derecha

1. Acarició su piel ......          suave
2. El colchón de su cama es muy ......   liso
3. Solía llevar el pelo ......       áspero
4. La lija es ......              amargo
5. Esa almendra es ......          ácido
6. Los limones son ......          blando

# Apuntes de clase

**258. Presente habitual. Haga frases que tengan sentido con los siguientes verbos, similares al ejemplo**

EJEMPLO: *Leo* una revista todas las semanas.

Jugar al baloncesto (los lunes).
Cortarse el pelo (una vez al mes).
Sacar la basura (todas las mañanas).
Hacer la compra (los fines de semana).

**259. Presente con valor de futuro. Dé la forma adecuada del presente de indicativo en las siguientes frases**

1. (Nosotros — verse) ...... pasado mañana por la tarde.
2. (Yo — casarse) ...... dentro de cinco días.
3. (Ellas — volver) ...... la semana que viene.
4. Cuando llegue, se lo (yo — decir) ......
5. Aunque insista, no le (yo — decir) ...... tu secreto.
6. Cada vez que pregunte por ti, te (yo — avisar) ......

**260. Contraste presente simple (acción habitual) ≠ presente continuo (acción no habitual). Ponga el verbo entre paréntesis en la forma continua (progresiva) del presente de indicativo**

1. Mi padre es profesor, pero ahora (trabajar) ...... en una fábrica.
2. Feliciano es dramaturgo, aunque ahora (escribir) ...... una novela.

3. Se cuida mucho, aunque últimamente (él — engordar) ......

4. Normalmente no me canso, pero estos últimos días (yo — cansarme) ...... demasiado.

**261** **Contraste presente ≠ imperfecto. Dé la forma apropiada del imperfecto en las siguientes frases**

1. En aquella época (ella — estar) estaba ...... soltera; ahora está divorciada.
2. Ahora hablas francés bien; antes no lo (tú — hablar) hablabas
3. Hace diez años mucha gente (llevar) llevaba corbata; hoy poca gente la lleva.
4. Entonces (nosotros — ser) éramos ...... jóvenes; hoy somos viejos.
5. Hoy tenemos democracia; antes (tener) teníamos dictadura.
6. Hace una hora (llover) llovía mucho; ahora hace sol.
7. En este momento lo sé; antes no lo (yo — saber) sabía
8. Hace siete años (ellos — ser) eran de derechas; hoy día son de izquierdas.

**262.** **Ponga los adjetivos entre paréntesis en la forma que exija el contexto de la frase**

1. Aquél fue el (malo) ...... día de toda mi vida.
2. Es el tipo (aburrido) ...... que he visto.
3. Ha sido la (grande) ...... catástrofe de los últimos tiempos.
4. Es el (bueno) ...... alumno que he tenido.
5. No tengo la (pequeña) ...... duda de que está loco.
6. Es la persona (formal) ...... que he conocido.
7. Agustín es el (bajo) ...... de todos nosotros.
8. Pepín era el (tonto) ...... del pueblo.
9. Aquí está el edificio (alto) ...... de la ciudad.
10. Este empleado es el (vago) ...... de la oficina.

### 263. Elimine la forma del posesivo que considere innecesaria

1. Ese camión era *suyo de él.*
2. Los cepillos de dientes son *suyos de ellos.*
3. Esto no es mío, sino *suyo de Vd.*
4. Aquel impermeable era *suyo de ella.*
5. La nevera no era nuestra, sino *suya de Vds.*
6. Estos bocadillos no son de Vds. sino *suyos de ellas.*

### 264. Ponga la preposición adecuada en las siguientes frases

1. Tengo que sacar dinero ...... (el) banco.
2. Nos han invitado ...... la fiesta.
3. Vive ...... compañía ...... otras dos chicas danesas.
4. ¿...... cuánto está la docena de huevos?
5. Tardó mucho ...... llegar.
6. Lo haré ... muy buena gana.
7. Dejó los zapatos ...... los pies ...... la cama.
8. Están juntos ...... todas horas.

### 265. Sustituya la palabra CONJUNTO por el nombre colectivo correspondiente en cada caso

1. Un conjunto de ovejas.
2. Un conjunto de pájaros.
3. Un conjunto de ladrones.
4. Un conjunto de músicos.
5. Un conjunto de islas.
6. Un conjunto de jugadores de fútbol.
7. Un conjunto de animales salvajes.
8. Un conjunto de barcos.
9. Un conjunto de voces que cantan juntas.
10. El conjunto de los soldados de un país.

**Apuntes de clase**

**266. Contéstese a las siguientes preguntas utilizando las formas de futuro o condicional simples de probabilidad**

MODELOS : 
{ *¿Qué hora es? Serán las ocho.*
{ *¿Qué hora era? Serían las ocho.*

1. ¿Qué edad tiene esa señorita?
2. ¿Cuánta gente había en la fiesta?
3. ¿Dónde están tus padres?
4. ¿Cuántos cigarrillos fuma Vd. al día?
5. ¿Quién fue?
6. ¿Cuánto cuesta el billete para Málaga en avión?
7. ¿Sabes lo que pagó por su reloj?
8. ¿Qué estudia Mercedes ahora?

**267. Contéstese a las siguientes preguntas utilizando las formas adecuadas del futuro o condicional compuestos de probabilidad, según el modelo**

MODELO : *a)* ¿Cuánta gente *ha venido?* — *Habrán venido* 20 personas.

*b)* ¿Cuánta gente *había venido?* — *Habrían venido* 20 personas.

1. ¿Cuánto le *ha costado* el billete de avión?
   ¿Cuánto le *había costado* el billete de avión?

2. *a)* ¿Sabes lo que *ha pagado* por su apartamento?
   *b)* ¿Sabías lo que *había pagado* por su apartamento?

3. *a)* ¿Dónde *han estado* tus padres?
   *b)* ¿Dónde *habían estado* tus padres?

4. *a)* ¿Quién *ha sido* el culpable?
   *b)* ¿Quién *había sido* el culpable?

5. *a)* ¿Qué vestido se *ha puesto* para la boda?
   *b)* ¿Qué vestido se *había puesto* para la boda?

6. *a)* ¿Cómo *ha hecho* ese tío una fortuna tan grande?
   *b)* ¿Cómo *había hecho* ese tío una fortuna tan grande?

### 268. Sustituya las palabras en cursiva por un tiempo verbal que exprese la probabilidad

1. *Eran alrededor de* las ocho.
2. *Hay aproximadamente* cien personas en la sala.
3. *Tenía unos* treinta años.
4. Le *ha costado, más o menos,* cien pesetas.
5. Lo *hemos visto a eso de* las once de la noche.
6. *Seguramente, vivía* bastante mal.
7. ¿Cuántos *había, más o menos?*
8. *Seguramente* le *había ocurrido* algo.
9. *Anduve alrededor de* cinco kilómetros.
10. La habitación *mide aproximadamente* cuatro metros de largo.

### 269. Uso del futuro perfecto en la oración compuesta. Ponga el verbo entre paréntesis en la forma apropiada

1. Cuando lleguemos, ya (ellos — terminar) ...... de cenar.
2. Para cuando estalle la tormenta, ya (nosotros — llegar) ...... a casa.
3. Seguramente cuando recibáis esta tarjeta, ya (nosotras — regresar) ...... a España.
4. Para cuando te den de alta, me (ellos — licenciar) ...... en el ejército.

**270. Usos del futuro y condicional perfectos en la oración compuesta. Ponga la forma adecuada del futuro o condicional compuestos en las siguientes frases, según convenga**

1. *a)* Dicen que cuando acabe la temporada turística (llegar) ......
   40 millones de turistas.
   *b)* Decían que cuando acabara la temporada turística (llegar) ......
   42 millones de turistas.

2. *a)* Asegura que para final de año (él — ganar) ...... 7 millones
   de pesetas.
   *b)* Aseguró que para final de año (ganar) ...... 7 millones de pesetas.

3. *a)* Estamos convencidos de que para el otoño próximo (solucio-
   narse) ...... el problema de la sequía.
   *b)* Estábamos convencidos de que para el otoño próximo (solu-
   cionarse) ...... el problema de la sequía.

4. *a)* No dudo de que dentro de cincuenta años la población mun-
   dial (duplicarse) ......
   *b)* No dudaba de que dentro de cincuenta años la población mun-
   dial (duplicarse) ......

**271. Ponga el artículo determinado, masculino, femenino o neutro en los siguientes ejemplos**

1. ...... curioso es que todavía no sabemos cómo se llama.
2. Esto es ...... bueno.
3. Éste es ...... bueno.
4. ...... difícil es ser justo.
5. Ésta es ...... mejor película que he visto últimamente.
6. ...... quijotismo es muy difícil de definir.
7. ...... triste era que lo sabía, pero no me acordaba.
8. ...... más guapo era ...... más antipático.
9. ...... principal es que trabajen Vds.
10. Eso me parece ...... más lógico.

**272. Respóndase a las siguientes preguntas, repitiendo el verbo y añadiendo los pronombres: LA, LO, LOS, LAS, según los casos**

MODELO: ¿Hay mucha gente hoy en clase? Sí, *la* hay.

1. ¿Tiene Vd. mucha prisa?
2. ¿Hay botellas de leche en la nevera?
3. ¿Quién ha hecho esto?
4. ¿Venden Vds. fiambres?
5. ¿Has terminado la carrera?
6. ¿Estudia Vd. idiomas?
7. ¿Tenían ellos hambre?
8. ¿Había algún programa interesante en la tele?
9. ¡Habéis visto la última película de Woody Allen?
10. ¿Sabe Vd. ya el resultado de la operación?

**273. Haga frases con las siguientes palabras, demostrando claramente la diferencia de significado**

entrada - billete
tren - tranvía - metro
sábana - manta
taxi - autobús - coche

**Apuntes de clase**

**274. Pretérito perfecto = indefinido. Usos intercambiables. Repita las siguientes frases utilizando uno u otro tiempo, según los casos**

1. *Ha vivido* en Italia doce años.
   *b)* ......

2. Siempre *presumieron* mucho.
   *b)* ......

3. Toda su vida se *ha comportado* así.
   *b)* ......

4. Ese vino no lo *he probado* nunca.
   *b)* ......

5. Hasta ahora no *pasamos* calor aquí.
   *b)* ......

6. Todos los años *hemos celebrado* el carnaval.
   *b)* ......

**275. Pretérito perfecto ≠ indefinido. Usos no intercambiables. Ponga los verbos entre paréntesis en la forma apropiada de uno u otro tiempo, según los casos**

1. *El domingo* oímos un concierto de música clásica; *hoy* lo (oír) oíamos de jazz.

2. *Este año* (tú — ganar) ganaste ...... poco; *el año pasado* GANASTE mucho.

3. *Esta noche* no (ellos — llamar) llamaban ...... todavía; *anoche* LLAMARON dos veces por teléfono.

4. *Ayer* (yo — ir) ...... al zoo; *esta mañana* HE IDO al circo.
   > fuí
   > ~~habíamido~~

5. *Aquel verano* SE DIVIRTIERON mucho; *este verano* (ellos — divertirse) ...... muy poco.
   > se divertieron

6. *La semana pasada* (nosotros — salir) ...... varias noches; *esta semana* NO HEMOS SALIDO nada.
   > salimos

**276. Pretéritos perfecto y pluscuamperfecto. Ponga el verbo entre paréntesis en uno u otro tiempo, según convenga**

1. *a)* Cuando llego a casa mis hijos ya (cenar) ......
   *b)* Cuando llegaba a casa mis hijos (cenar) ......

2. *a)* Siempre que voy a recoger a Pedro a su casa ya (él — salir) ......
   *b)* Siempre que iba a recoger a Pedro a su casa ya (él — salir) ......

3. *a)* Cada vez que le propongo una nueva idea, ella ya la (estudiar) ......
   *b)* Cada vez que le proponía una nueva idea, ella ya la (estudiar) ......

4. *a)* Cuando le doy una noticia, él ya la (oír) ...... por la radio.
   *b)* Cuando le daba una noticia, él ya la (oír) ...... por la radio.

**277. Dé la forma adecuada del indefinido, pretérito perfecto o pluscuamperfecto, según convenga. Algún caso admite más de un tiempo**

1. Hasta ahora (ellos — vivir) ...... como reyes.
2. Cada vez que quería contar un chiste, tú ya lo (contar) ......
3. Siempre que te invito a cenar fuera, ya te (ellos — invitar) ......
4. Ayer (yo — regresar) ...... de las vacaciones.
5. Durante toda su juventud (él — sacrificarse) ...... mucho por su madre y sus hermanos.
6. Aquel grupo musical (actuar) ...... dos semanas en Roma; éste ha actuado sólo dos días.

**278. Usos de artículo. Rellene los puntos con la forma adecuada del artículo determinado, en los casos en que sea necesario**

1. Tenemos clase ...... lunes, ...... miércoles y ...... viernes.
2. Estudia ...... Derecho.
3. Hoy es ...... sábado.
4. Levantó ...... cabeza para mirarme.
5. No nos gusta estudiar de ...... noche.
6. Le gustaba mucho ...... café con leche.
7. Trabaja por ...... horas en ...... servicio doméstico.
8. Se lo digo a Vd. por ...... última vez.
9. Estaba en ...... cama cuando fui a verle.
10. Esta tarde estaré en ...... casa.
11. ...... número 9 me da suerte.


**279. Úsense las palabras MAL o MALO -A -OS -AS en las siguientes frases, según convenga**

1. ¡Qué ...... tiempo hace!
2. ¿Qué te pasa? ¿Te encuentras ......?
3. Ha sacado muy ...... notas.
4. Aquel equipo era bastante ......
5. Ese niño canta muy ......
6. Esta habitación huele ......
7. Se portó muy ...... con nosotros.
8. Es un ...... bicho.
9. Tiene muy ...... modales.
10. Estos plátanos saben ......
11. ¡Qué ...... huele el metro!
12. ¡Qué ...... eres!


**280. Use estos verbos de significado parecido en frases que muestren sus diferencias de matiz**

ir - ir(se) - marchar(se)
doler - lastimar(se) - hacer(se) daño

**Apuntes de clase**

216

**281. Ponga los verbos entre paréntesis en la forma correcta del presente e imperfecto de subjuntivo, empezando siempre con las estructuras**

$$\text{MODELO:} \begin{cases} \text{«}Yo \ quiero \ que...\text{»} \\ \text{yo quería que...} \\ \text{yo querría que...} \end{cases}$$

1. Yo quiero (quería, querría) que      (vosotros venir)
2.     ......          (tú comer)
3.     ......          (él ir)
4.     ......          (nosotros salir)
5.     ......          (Vds. sentarse)
6.     ......          (ellas dormir)
7.     ......          (Vd. obedecer)
8.     ......          (ellas vestirse)
9.     ......          (vosotras conducir)
10.     ......         (ellas reírse).

**282. Termine las siguientes frases poniendo el infinitivo en la persona y tiempo correctos del subjuntivo**

1. Necesitamos que (ellos dar) ......
2. Te prohíbo que (tú hacer) ......
3. Se alegra de que (vosotros ir) ......
4. Dudamos que esto (valer) ......
5. Esperáis que (yo poder) ......

6. Se queja de que (nosotros salir) ......
7. Le ruego a Vd. que (oír) ......
8. Tenemos miedo de que (Vds. no saber) ......
9. Te ordeno que (tú decir) ......
10. Me duele que no (él tener) ......
11. A mi padre le fastidia que (yo poner) ...... la música alta.


**283. Conteste a las siguientes preguntas, afirmativa y negativamente, repitiendo los verbos que aparecen en ellas**

1. ¿Quieres que (yo) le invite?
2. ¿Te gusta que (yo) salga con ella?
3. ¿Os alegráis de que hayan venido?
4. ¿Le apetece a Vd. que tomemos un café?
5. ¿Desean Vds. que les acompañe?
6. ¿Temes que haya una guerra?
7. ¿Prefieres que te lleve a casa?
8. ¿Me permite Vd. que le ayude?
9. ¿Esperan Vds. que haga buen tiempo?
10. ¿Le prohíben Vds. que fume?


**284. Dé el tiempo adecuado de indicativo en las siguientes frases**

1. Ya veo que (tú — tener) ...... ganas de hablar.
2. Reconozco que la sintaxis española (ser) ...... complicada.
3. ¿Crees que (ellos — estar) ...... allí?
4. Recordaba que me lo (él — haber) ...... dicho.
5. He notado que (ella — estar) ...... pálida.
6. He oído que ese político (presentarse) ...... a las elecciones.
7. Se enteraron de que (ellos — estar) ......incluidos en la lista.
8. Te prometo que (yo — ocuparse) ...... del asunto.

**285.** Ponga las frases del ejercicio anterior en forma negativa, según el ejemplo

*No veo* que *tengas* ganas de hablar.

**286.** Escríbase el acento sobre las palabras en cursiva que lo necesiten

1. *¡Cuanto* me gusta eso!
2. No voy *porque* no tengo dinero.
3. La que más me gusta es *esta.*
4. *¡Que* lástima!
5. Ésta es *mi* casa.
6. *Esa* ciudad es muy grande.
7. *¡Quien* fuera millonario!
8. Me acuerdo de *aquel* día.
9. ¿Por *que* no has llamado por teléfono?
10. *Esta* tarde voy de compras.
11. En *cuanto* llegue, avíseme.
12. *¡Que* vengas aquí!
13. *Aquella* es la mía.
14. *Esa* era mi preferida.
15. Esto es para *mi.*

**287.** Sustitúyanse las formas LE-S por LO-S donde sea correcto

1. *Le* vi en el cine (a Juan).
2. *Le* he dado la noticia (a ella).
3. *Le* puse una tarjeta ayer (a Pedro).
4. *Les* oí hablar de ti (a tus hermanos).
5. *Les* compré el coche por 50.000 ptas. (a ellas).
6. *Le* he observado con mucho cuidado (a Enrique).
7. *Les* dije que habías llegado (a tus padres).
8. *Le* regalé un collar (a mi novia).
9. *Les* comprendo muy bien (a Vds.).
10. *Le* conté un cuento (a mi hija).

**288.** **Elija el artículo que pida el sentido de la frase, considerando que la significación de estas palabras cambia según el género**

1. El capitán dio (un - una) orden a los soldados.
2. Al llegar me compré (un - una) guía de la ciudad.
3. Los niños jugaban con (el - la) cometa.
4. Había un chalet en (el - la) margen derecha del río.
5. Se hizo (un - una) corte en la mano con el cuchillo.
6. (El - la) orden público es un tema constante de conversación.
7. Nos acompañó (un - una) guía por el Museo del Prado.
8. (Los - las) cometas son cuerpos celestes.
9. ¡Dejen Vds. (un - una) margen a ambos lados de la página!
10. El rey Felipe II estableció (el - la) corte en Madrid.

**289.** **Transforme los siguientes adjetivos en adverbios añadiéndoles la terminación -MENTE y haga frases con cada uno**

| | |
|---|---|
| rápido | estupendo |
| simple | general |
| único | inteligente |
| magnífico | sólo |
| seguro | abundante |

# Apuntes de clase

**290.** **Dé el tiempo de indicativo o de subjuntivo que exija el contexto**

1. Es una lástima que no (vosotros poder) ...... acompañarnos.
2. Era necesario que (ellos presentar) ...... su carnet de identidad.
3. Es obligatorio que (Vds. firmar) ...... estos papeles.
4. Era evidente que no (él hablar) ...... francés.
5. Es lógico que (ella estar) ...... cansada.
6. Fue una pena que no lo (vosotros comprar) ......
7. Es cierto que (él faltar) ...... a clase mucho.
8. En aquella época era normal que la gente no (tener) ...... muchas comodidades.
9. Es muy importante que (Vds. aprender) ...... el subjuntivo.
10. Es horrible que (haber) ...... guerras.
11. Está visto que no (querer) ...... llover.

**291.** **Dé el tiempo de indicativo o de subjuntivo que exija el contexto**

1. Está claro que (él preferir) ...... vivir solo.
2. No está claro que (él preferir) ...... vivir solo.
3. Era verdad que les (haber) ...... tocado la lotería.
4. No era verdad que les (haber) ...... tocado la lotería.
5. Es cierto que (ella tener) ...... diez hermanos.
6. No es cierto que (ella tener) ...... diez hermanos.
7. Era seguro que (ellos irse) ...... de vacaciones a Italia.
8. No era seguro que (ellos irse) ...... de vacaciones a Italia.
9. Es evidente que (Vd. tener) ...... mucha paciencia.

10. No es evidente que (Vd. tener) ...... mucha paciencia.
11. Parece que (ellos vivir) ...... mal.
12. No parece que (ellos vivir) ...... mal.

## 292. Dé el tiempo adecuado de subjuntivo que exija el contexto

1. Quiero que (tú ponerte) ...... el sombrero nuevo.
2. Preferiría que me lo (ellos enviar) ...... a casa.
3. Nos mandaron que (nosotros llevar) ...... este paquete.
4. Les encargué que (ellos comprar) ...... jamón serrano.
5. ¿Me permite Vd. que (yo fumar) ......?
6. La huelga de autobuses impidió que (nosotros ir) ...... a trabajar.
7. Dejé que (ellas hacer) ...... lo que quisieran.
8. Nos alegramos de que (vosotros encontrarse) ...... bien.
9. Me extraña que no (ellos haber) ...... contado nada de lo ocurrido.
10. Sentimos mucho que no (Vd. haber) ...... sacado la oposición.

## 293. Dé el tiempo adecuado de subjuntivo que exija el contexto

1. Tiene miedo de que (cambiar) ...... la situación.
2. Le gusta mucho que le (ellos traer) ...... el desayuno a la cama.
3. Siempre me molesta que (ellos empujar) ...... en el metro.
4. Dudo que (ella saber) ...... tanto como dice.
5. A esa chica le fastidia que le (echar) ...... piropos por la calle.
6. Esperamos que (Vd. acordarse) ...... de nosotros.
7. Le pedí que me (dar) ...... su número de teléfono.
8. Me sorprendió mucho que (estar) ...... la casa vacía.
9. No le apetecía que (nosotros salir) ...... juntos.

**294. Transforme las siguientes frases según el modelo e indíquese la diferencia de matiz**

MODELO : *Esta señorita* es secretaria → *La señorita esta* es secretaria.

1. *Ese tipo* sabe hablar francés →
2. *Aquellos periódicos* eran de la semana pasada →
3. *Esta bebida* es muy fuerte →
4. *Esos sobres* están cerrados →
5. *Aquella caja* estaba rota →
6. *Estos sombreros* están de moda →
7. *Esa guitarra* es andaluza →
8. *Aquel autobús* va muy lleno →
9. *Este asunto* no me gusta →
10. ¿Te acuerdas de *aquella noche?* →

**295. Úsese una de las palabras ALGÚN -O -A -OS -AS o NINGÚN -O -A en las siguientes frases, según los casos**

1. ¿Tiene Vd. ...... problema?
2. No había ...... barco en el puerto.
3. Teníamos ...... cosas que discutir.
4. No se le puede ver a ...... hora.
5. ...... creen que la guerra es inevitable.
6. Pregunté a ...... de ellos, pero ...... lo sabía.
7. Pregunté a varias personas, pero no lo sabía ......
8. En líneas generales, estoy de acuerdo contigo, pero no comprendo ...... de tus puntos de vista.
9. Tengo ...... discos de flamenco, pero no tengo ...... disco de zarzuela.
10. Tiene ...... pájaros en casa, pero ...... canta.

### 296. Dé la forma adecuada del verbo específico en cada frase

1. El coche ...... contra un árbol.
2. Quiero ...... le una visita.
3. Ese niño ...... mucha guerra.
4. Juanita es muy tímida; en seguida ...... colorada.
5. En cuanto le vea, le ...... la enhorabuena.
6. ¡No corras, el tren ...... una hora de retraso.
7. En verano, salía por las noches para ...... el fresco.


### 297. Haga frases con las siguientes palabras, dejando claro el significado

Cintura - caderas
Muela - colmillo - diente
Pecho - espalda
Hígado - pulmones
Codo - tobillo
Palma de la mano - planta del pie
(Dedo) pulgar - (dedo) meñique

**Apuntes de clase**

**298. Ponga el verbo entre paréntesis en el tiempo adecuado de subjuntivo o de indicativo**

1. Hasta que (yo — verle) ...... en casa, no estoy tranquilo.
2. Apenas (él — terminar) ...... de cenar, se pone a ver el televisor.
3. Se irán al campo en cuanto (ellos — poder) ......
4. Cuando (hacer) ...... buen tiempo, pasaremos el día en la playa.
5. No estará contento en la empresa, a pesar de que le (ellos — pagar) ... bien.
6. Aunque (ellos — vivir) ...... juntos, no se llevan bien.

**299. Ponga el verbo entre paréntesis en el tiempo adecuado de subjuntivo o de indicativo**

1. No nos hacía caso, y eso que se lo (nosotros — advertir) ...... constantemente.
2. Por mucho que (ella — comer) ...... no se hartaba.
3. Hicimos una media de 80 kilómetros por hora, aunque (nosotros — tener) ...... un pinchazo.
4. Dijo que no pagaría la letra hasta que no (él — cobrar) ...... el sueldo.
5. ¡En cuanto (tú — llegar) ...... a Almería, busca alojamiento!
6. En cuanto (él — llegar) ...... a Almería, buscó alojamiento.

### 300. Ponga el verbo entre paréntesis en el tiempo adecuado de subjuntivo o de indicativo

1. A medida que (ellos — entrar) ...... se sientan.
2. Por listas que (ellas — ser) ...... no se saldrán con la suya.
3. Estaremos juntos desde que (él — venir) ...... hasta que se vaya.
4. Me lo comunica en cuanto (él — enterarse) ......
5. Aunque (ellos — trabajar) ...... mucho, siempre tienen buen humor.
6. Por mal que lo (nosotros — hacer) ......, nos lo aceptarán.

### 301. Ponga el verbo entre paréntesis en el tiempo adecuado del subjuntivo o del indicativo, según convenga

1. Dice que *cuando* (él llegar) ...... a casa, *se quitó* los zapatos.
2. Dice que cuando (llegar) ...... a casa, *se quita* los zapatos.
3. Dice que cuando (llegar) ...... a casa, *se quitará* los zapatos.
4. Dijo que cuando (llegar) ...... a casa, *se quitaría* los zapatos.
5. Dice que *aunque* (llegar) ...... a casa, no *se quitó* los zapatos.
6. Dice que aunque (llegar) ...... a casa, no *se quita* los zapatos.
7. Dice que aunque (llegar) ...... a casa, no *se quitará* los zapatos.
8. Dijo que aunque (llegar) ...... a casa, no *se quitaría* los zapatos.

### 302. Use la palabra que mejor le vaya al contexto

1. Es ...... curiosa que siempre escucha todas las conversaciones.
2. ¡Qué jardín ...... precioso!
3. Su marido es ...... celoso que no la deja salir de casa.
4. Era un muchacho ...... inocente que todos se reían de él.
5. ¡Qué novia ...... guapa tiene!

### 303. Dé la partícula comparativa más apropiada al contexto

1. Cuanto ...... duermo, más sueño tengo.
2. ...... los amigos como los clientes le estimaban mucho.
3. Cuanto menos trabaje, ...... le pagarán.

4. Tanto tú ...... yo lo hemos pasado muy mal en la vida.
5. Cuanto ...... bebo, más me apetece beber.
6. Le respetaban ...... sus amigos como sus enemigos.
7. Esto es útil tanto para ti ...... para mí.
8. Cuanto más borracho está, ...... ganas tiene de cantar.
9. ...... antes venga, mejor.
10. Tanto Juan ...... Antonio están equivocados.

**304. Termine las siguientes frases con la preposición adecuada y otro verbo en infinitivo**

1. Siempre acostumbra ......
2. ¡Anímate ......
3. Se arrepintió ......
4. Nos cansamos ......
5. Hemos dejado ......
6. Por fin se decidió ......
7. Presume ......
8. He tratado ......
9. Soñaba ......
10. Tarda mucho ......

**305. Haga frases con las siguientes palabras, demostrando claramente la diferencia de significado**

cuchara - tenedor - cuchillo - cucharilla
mantel - servilleta
sartén - puchero - olla
moreno - marrón - castaño

**Apuntes de clase**

unidad **47**

### 306. Ponga el verbo entre paréntesis en el tiempo adecuado del subjuntivo

1. Debes ir *a que* te (ver) ...... el médico.
2. Ahí te dejo mi perro *para que* lo (tú cuidar) ...... mientras estoy fuera.
3. Tuve que irme *sin que* me (ellos dar) ...... el dinero que me debían.
4. Me conformo *con que* me lo (tú traer) ...... mañana.
5. No iré al bautizo, *a menos que* me (ellos enviar) ...... una invitación.
6. La Universidad ha ofrecido este año un gran número de becas *a fin de que* nadie (carecer) ...... de una educación adecuada por falta de medios económicos.
7. Vamos a todas las exposiciones, *a no ser que* (nosotros estar) ...... muy ocupados.
8. Te lo digo *para que* (tú enterarse) ......

### 307. Ponga el verbo en el tiempo adecuado del subjuntivo o indicativo, según convenga

1. Te lo presto siempre que lo (tratar) ...... bien.
2. Si él (ser) ...... un poco más simpático, tendría más éxito en la vida.
3. Como no (ella estar) ...... aquí antes de las diez, mañana no la dejaré salir.

4. Saldremos de excursión, con tal de que no (llover) ......
5. Si (tú portarse) ...... bien, te llevo al circo mañana.
6. Como no (tú portarse) ...... bien, no te llevaré de paseo.
7. Si Vd. (esperar) ...... un poco más, lo habría visto.

**308. Ponga el verbo entre paréntesis en el tiempo apropiado del indicativo o subjuntivo, según los casos**

1. Si (llover) ......, no *saldremos* (salimos).
2. Si (llover) ......, no *saldríamos*.
3. Si (llover) ......, no *hubiéramos (habríamos) salido*.
4. Como (llover) ......, no *saldremos (salimos)*.
5. Como (llover) ......, no *salimos* (pret. indefinido).
6. Como (llover) ......, no *hemos salido*.

**309. Ponga el verbo entre paréntesis en el tiempo, del indicativo o subjuntivo, apropiado a cada frase**

1. Si (yo tener) ...... tiempo, iré a visitarte.
2. Si (tú fumar) ...... menos, te sentirías mejor.
3. Si lo (yo haber) ...... sabido, no hubiera venido.
4. Si no (vosotros poner) ...... más interés, vais a tener un disgusto.
5. Si no (Vd. gastar) ...... menos, nunca ahorrará nada.
6. Te dije que si yo hubiera podido, (haber) ...... comprado el regalo.
7. Si le (tú ver) ......, dile que le ando buscando.
8. Si bailase mejor, (yo salir) ...... con él más a menudo.
9. Si me lo (ella pedir) ......, se lo doy.
10. Si pusieras la calefacción, (tener) ...... menos frío.

**310. Ponga el verbo entre paréntesis en el tiempo adecuado del indicativo o subjuntivo, según convenga**

1. No sé si (ser) ...... cierto, pero te creo.
2. ¿Sabe Vd. si (él tener) ...... novia?
3. Si (ella hacer) ...... más deporte, estaría más en forma.
4. Si (tú estar) ...... allí, lo habrías visto.
5. ¿Qué haría yo si no (ser) ...... por ti?
6. No sabemos si (ellos venir) ...... esta tarde.
7. ¿No recuerda Vd. si le (él dar) ...... el recado?
8. Se lo advertiré por si no lo (ellos saber) ......

**311. Ponga la preposición adecuada en las siguientes frases**

1. ¿Cuánto cuesta el libro ...... matemáticas?
2. Se hizo rico ...... un año.
3. ¿Habla Vd. ...... serio?
4. Se presentó ...... repente.
5. Acaban ...... dar las doce.
6. Ha corrido tanto que está ...... aliento.
7. Me gustan mucho las patatas fritas ...... la inglesa.
8. Vd. no tiene derecho ...... quejarse.

**312. Añádanse los prefijos negativos IN- o DES-, según convenga, a las siguientes palabras**

MODELO : *hacer* → *des*hacer
         *útil* → *in*útil.

| | |
|---|---|
| seguro | cargar |
| capaz | cansar |
| feliz | mentir |
| mortal | necesario |
| contar | puro |
| decente | humano |

## 313. Explique el significado de las siguientes frases

1. Esta vez me toca a mí pagar la consumición.
2. ¡Haz lo que quieras!; ¡me da lo mismo!
3. ¡Señores! Esto está más claro que el agua.
4. ¡Huy, huy, huy! Eso me da muy mala espina.
5. No leas ese folleto que es un rollo.

**Apuntes de clase**

**314. Ponga el verbo en el tiempo, del indicativo o subjuntivo, apropiado a cada frase**

1. ¿No hay nada que no (saber) ...... ese tipo?
2. Quien no (haber) ...... entendido, que (levantar) ...... la mano.
3. Los que (llegar) ...... tarde, no pudieron entrar.
4. El que de verdad (entender) ...... de política es Pedro.
5. Podrán entrar todos los que (haber) ...... pagado.
6. ¿Hay alguien aquí que (hablar) ...... chino?
7. Necesito una chica que (tener) ...... experiencia en cuidar niños.
8. El que (tener) ...... una manta de sobra, que la traiga.
9. En cualquier sitio que le (yo ver) ......, le reconoceré.
10. Debes comprar un bolígrafo que (escribir) ...... mejor que éste.
11. Todos los que (llegar) ......, se quitaban el abrigo.
12. Todos los que (venir) ......, serán bien recibidos.

**315. Ponga el verbo entre paréntesis en subjuntivo, siguiendo la frase modelo**

MODELO : *sea* quien *sea,*
*diga* lo que *diga.*

1. (Él estar) ...... donde ......
2. (Ella vestirse) ...... como ......
3. (Cantar) ...... quien ......
4. (Vds. ir) ...... cuando ......

236

5. (Nosotros trabajar) ...... o no ......
6. (Costar ello) ...... lo que ......
7. (Vosotros vivir) ...... donde ......

## 316. Use el tiempo del indicativo o subjuntivo que convenga a cada frase

1. Quizá (nevar) ...... el próximo fin de semana.
2. ¡Ojalá (terminar) ...... pronto esta conferencia!
3. A lo mejor le (yo ver) ...... esta tarde.
4. ¡Quién (poder) ...... vivir en ese palacio!
5. Tal vez (él ser) ...... millonario, pero no lo parece.
6. A lo mejor (nosotros salir) ...... esta noche.
7. ¡Que Vd. (divertirse) ......!
8. ¡Ojalá (yo hablar) ...... ruso!, porque ahora me hace mucha falta.
9. (Él estudiar) ...... quizá más, pero no es tan inteligente como ella.
10. ¡Que (aprovechar) ......!
11. ¡Quién (tener) ...... dieciocho años ahora!
12. ¡Hasta mañana, que (tú descansar) ......!
13. ¡Ojalá (nosotros llegar) ...... a tiempo para despedirle!

## 317. Ponga la preposición adecuada en las siguientes frases

1. Están dispuestos ...... pagar lo que les pidas.
2. ...... espera ...... sus noticias, le saluda atentamente.
3. Tenía ganas ...... bañarse ...... el mar.
4. Vamos ...... mal ...... peor.
5. Antonio es muy ancho ...... espaldas.
6. Estoy harto ...... comer ensalada.
7. Dentro de un momento estoy ...... Vd.

## 318. Ponga las partículas QUE o DE en las siguientes frases, según convenga

1. Gana más ...... 100.000 ptas. al mes.
2. Estudia más ...... lo que parece.
3. Vd. no tiene más ...... llamar por teléfono.
4. En la reunión había más ...... 20 personas.
5. Todavía tenía mucho más ...... hacer.
6. Le gusta más dormir ...... trabajar.
7. ¿Hay algo más ...... escribir?
8. Llevo esperando más ...... media hora.
9. Yo puedo esperar porque tengo menos prisa ...... Vd.
10. Tengo menos dinero ...... lo que·pensaba.


## 319. Añádanse los prefijos RE- o EX-, según convenga, a las siguientes palabras

| | |
|---|---|
| editar | coger |
| leer | volver |
| presidente | educar |
| elegir | |


## 320. Explique el significado de los siguientes modismos y expresiones

1. Le pillamos con las manos en la masa.
2. El médico le dio de alta.
3. Es muy exigente; no pasa nada por alto.
4. Matar el tiempo.
5. Lo hizo en un abrir y cerrar de ojos.
6. No lo hago porque no me da la gana.
7. ¡A ver!, ¿en qué quedamos?
8. Está todo en el aire.

# Apuntes de clase

**321. Dé el tiempo adecuado del subjuntivo o del indicativo en las siguientes frases**

1. Les dije que se (ellos dar) ...... prisa.
2. Es una vergüenza que la (ellos haber) ...... dejado sola.
3. Tenía mucha libertad, aunque (ella vivir) ...... con sus padres.
4. Hasta que no (ellos llegar) ... ...no me quedé tranquilo.
5. ¡Muchas gracias! No es necesario que (Vd. molestarse) ......
6. ¡Oye! A lo mejor te (yo hacer) ...... una visita este verano.
7. Puede que mañana (yo ir) ...... a la piscina.
8. Los que (querer) ...... venir a la excursión, que lo comuniquen al encargado.
9. No hay quien (poder) ...... con este niño.
10. ¿Alguno de Vds. sabe lo que (haber) ...... pasado aquí?

**322. Póngase el tiempo adecuado del subjuntivo o del indicativo en las siguientes frases**

1. Avíseme en cuanto llegue, por muy tarde que (ser) ......
2. No es que Antonia (ser) ...... fea, pero es un poco sosa.
3. En la primera ocasión que (tú tener) ......, mándame eso.
4. La última vez que le (yo ver) ...... fue en Chicago.
5. Puesto que ya lo (Vd. saber) ......, ¿por qué me lo pregunta?
6. Ya que (nosotros tener) ...... esta oportunidad, aprovechémosla.
7. Desde que Rosita (salir) ...... con ese chico, nos ha olvidado por completo.

8. Lo lógico es que (vosotros empezar) ...... por el principio.
9. ¡Disculpadme!; voy a comer porque (yo tener) ...... mucha hambre.
10. No fumaba marihuana porque le (él gustar) ......, sino porque estaba de moda.

### 323. Póngase el tiempo adecuado del subjuntivo o del indicativo en las siguientes frases

1. La próxima vez que te (yo ver) ...... haciendo eso, se lo digo a tu madre.
2. Que yo (saber) ......, nadie ha reclamado todavía este bolso.
3. No quiso decírmelo a pesar de que lo (él saber) ......
4. Se empeñó en que (nosotros dormir) ...... en su casa.
5. El que (ellos gastar) ...... mucho, no quiere decir que tengan dinero.
6. Por mucho que (tú insistir) ......, no me convencerás.
7. Cada vez que (yo beber) ...... ginebra, me duele la cabeza.
8. Como (ella ser) ...... muy mona, tenía muchos admiradores.
9. No me extraña que le (ella querer) ...... tanto, porque era muy buen marido.
10. Lo más probable es que ahora (ellos estar) ...... viajando por el norte de Europa.

### 324. Colóquese el artículo determinado, indeterminado o neutro donde sea necesario o simplemente posible

1. ...... que sepas mucho no te da derecho a presumir tanto.
2. En ...... España del siglo XII había continuas luchas entre moros y cristianos.
3. ...... beber con exceso es nocivo para ...... salud.
4. Hicimos ...... alto en ...... camino.
5. Se echó ...... siesta de dos horas.
6. ...... paella es ...... plato típico español muy conocido.
7. ¿Te has enterado de ...... de Luciano?

8. Aún no sabes ...... más gracioso.
9. Tenía ...... sonrisa encantadora.
10. ...... hacer deporte es siempre recomendable.


**325. Ponga la preposición adecuada en las siguientes frases**

1. Esto es fácil .*de*. hacer.
2. Es una bebida imposible .*de*. encontrar aquí.
3. La situación .*en*. Oriente Medio está cada día más complicada.
4. No puedo correr .*sin*. buenas zapatillas.
5. Sus ideas son difíciles .*de*. entender.
6. Me llevo muy mal .*con*. mi cuñada.
7. Los artículos que se venden en los aeropuertos están libres .*de*. impuestos.
8. Tuve que ir ..*a*. pie a la verbena.


**326. Conteste a las siguientes preguntas con la palabra adecuada**

1. ¿Cómo se llama la parte exterior del tronco de un árbol?
2. ¿Cómo se llama la parte dura de las uvas?
3. ¿Cómo se llama la parte dura de las aceitunas?
4. ¿Cómo se llama la parte exterior de una naranja?
5. ¿Cómo se llama la parte por donde se coge el cuchillo?
6. ¿Cómo se llama la parte que corta del cuchillo?
7. ¿Cómo se llaman las partes que pisan de un zapato?

**Apuntes de clase**

**327.  Ponga los infinitivos entre paréntesis en la forma correcta del imperfecto de subjuntivo**

1. Si (yo tener) ...... dinero, compraría ese chalet.
2. Nos alegramos de que (él decir) ...... la verdad.
3. Ellos no habían dicho que (tú saber) ...... su dirección.
4. No creía que (ellos poder) ...... hacer eso.
5. Era imposible que (él andar) ...... tanto.
6. Era probable que (Vds. traer) ...... el vino.
7. Si tu casa (estar) ...... cerca, vendría a verte.
8. Dijo que hablaríamos cuando (él llegar) ......
9. Nos prohibió que (nosotros ir) ...... a las carreras.
10. Nos pidió que (nosotros ser) ...... obedientes.

**328.  Use el tiempo del indicativo o del subjuntivo que exija el contexto**

1. Hasta que no (Vd. terminar) ...... de comer, no se levante de la mesa.
2. Hasta que no (ellos terminar) ...... de comer, no se levantaron de la mesa.
3. Mientras (él estudiar) ......, no le gusta oír música.
4. Mientras (tú estudiar) ......, no oigas música.
5. Siempre que (ella venir) ...... a Madrid, me trae un regalo.
6. Siempre que (tú venir) ...... a Madrid, traeme un regalo.
7. En cuanto lo (yo saber) ...... te lo comunicaré.
8. Le dije que hasta que no (él merendar) ...... no vería la televisión.

## 329. Transfórmense estas frases según el modelo

MODELO: Nos mandaron *que lleváramos* este paquete = nos mandaron *llevar* este paquete.

1. ¿Me permite Vd. *que fume?*
2. La huelga de autobuses nos impidió *que fuéramos* a trabajar.
3. (Les) dejé *que ellas hicieran* lo que quisieran.
4. (Le) he ordenado a mi secretaria *que pase* a limpio esta carta.
5. (Nos) hizo *que limpiáramos* los zapatos.
6. Permítame *que le explique* lo ocurrido.
7. Nos prohibió *que fuésemos* a la manifestación.
8. Os aconsejó *que fuerais.*
9. Te animaron a *que terminaras* la carrera.
10. Les impedimos *que cometieran* un error.

## 330. Ponga UN-A-OS-AS en los casos en que sea necesario

1. Estuvo aquí hace media ...... hora.
2. Mi tía fue ...... enfermera en ese hospital.
3. Esa chica tiene ...... ojos muy bonitos.
4. ¿Es Vd. ...... inglés o ...... norteamericano?
5. Era ...... atea convencida.
6. Viví allí ...... semanas nada más.
8. Era ...... ingeniero muy bueno.
9. La reunión duró tres cuartos de ...... hora.
10. Han venido ...... amigos tuyos a verte.

## 331. Ponga la preposición adecuada en las siguientes frases

1. Se decidieron .a.. comprar el apartamento.
2. ¿Quién se encarga ..de. sacar las localidades?  *roget the tickets*
3. ¡Gracias por. el regalo!
4. Han preguntado ..x. ti. *por*
5. Era contrario ..a.. toda clase .de. reformas.

245

6. Este chisme es útil .para calentar el agua.
7. Iban acompañados por de con sus respectivas esposas.
8. Lo digo ..de verdad.


## 332.  Use la palabra que exija el contexto

1. Madrid está en el centro de la ...... castellana.
2. El Sahara es un ......
3. El Golden Gate es un ...... que cruza la ...... de San Francisco.
4. España y África están separadas por el ...... de Gibraltar.
5. El ...... de Suez está en Egipto.
6. España y Portugal forman la ...... ibérica.
7. África es un ......
8. Hamburgo es un ...... muy importante.

**Apuntes de clase**

**333.** Ponga los verbos entre paréntesis en el tiempo adecuado de las formas simple o continua, según convenga a cada caso

EJEMPLO: *Yo trabajo todos los días - yo estoy trabajando ahora.*

1. Yo (desayunar) ...... después de lavarme.
2. Mañana (él ir) ...... a París.
3. ¿Qué te parece el libro que (tú leer) ......?
4. Cuando tú me telefoneaste (yo dormir) ......
5. Después de cenar, siempre (ella ver) ...... la televisión.
6. Antes de dormirme, me gusta (leer) ...... un poco.
7. Todos los años (nosotros veranear) ...... en la Costa Brava.
8. La semana que viene (llegar) ...... mi novio de Alemania.
9. Antes de venir aquí (nosotros tomar) ...... una copa.
10. ¡Espera un momento!, me (poner) ...... la chaqueta.

**334.** Ponga los verbos entre paréntesis en el tiempo adecuado de las formas simple o continua, según los casos

1. ¿Qué (hacer tú) ...... cuando te llamé?
2. Me (acostar) ...... todos los días a las doce.
3. Después de comer, me (echar) ...... la siesta.
4. Dice que vendrá dentro de un rato; ahora (él estudiar) ......
5. Estas últimas semanas, la prensa (criticar) ...... duramente al gobierno.
6. Tuve que echarle del examen porque (copiar) ......

248

7. Dicen que (él escribir) ...... sus memorias.
8. Cuando estuve en Francia, hace diez años, me (divertir) ......
mucho.

### 335. Dé el tiempo correcto del verbo HABER («hay, había, hubo», etc.) en las siguientes frases

1. En este momento ...... mucha gente aquí.
2. La semana que viene ...... un concierto muy bueno.
3. El fin de semana pasado ...... muchos accidentes de carretera.
4. Cuando salí de casa para el teatro, ...... mucha circulación.
5. En aquella esquina ...... un puesto de periódicos.
6. ¿No ...... aquí antes una tasca?
7. En la próxima conferencia ...... unas cincuenta personas.
8. Me dijo que mañana ...... un partido de fútbol.
9. Comentó que al día siguiente ...... una huelga.
10. Abajo ...... un señor que pregunta por Vd.

### 336. Sustituya la palabra en cursiva por una estructura sinónima con el artículo determinado, masculino o femenino, y la partícula QUE

MODELO: Hay que ver *cuánto* dinero tiene! = ¡Hay que ver *el* dinero *que* tiene!

1. ¡A ver *qué* regalo me traéis!
2. No te imaginas *qué* ganas tiene de verte.
3. No sabes *cuántas* veces me he acordado de ti.
4. No puede Vd. sospechar *qué* sorpresa recibí.
5. ¡Hay que ver *cuántos* premios ganó!
6. ¡Cualquiera sabe *qué* color prefiere!
7. No sabes *cuánta* hambre tengo.
8. ¡Hay que ver *qué* sueño tengo!

### 337. Colóquese el pronombre personal redundante apropiado en las siguientes frases

1. A ...... no le habíamos dicho nada.
2. ...... dices a mamá que no me espere a comer hoy.
3. Es un muchacho muy listo; ...... sabe todo.
4. A ...... no nos gustan los líos.
5. Antonio ...... vio todo y no comentó nada.
6. A ...... estas cosas no me parecen bien.
7. ¿...... regalaste algo a tus padres?
8. A ...... les encantan las fresas.
9. ...... presté unos discos a mi sobrino.
10. ...... lo ha contado a ti.

### 338. Use los interrogativos QUÉ o CUÁL, según convenga

1. ¿...... hay de nuevo?
2. ¿...... es la diferencia?
3. ¿...... diferencia hay entre el bien y el mal?
4. ¿...... es esto?
5. ¿...... de ellos prefiere Vd.?
6. ¿...... reloj es el tuyo?
7. ¿...... importa lo que haga?
8. No sé con ...... de ellos quedarme.
9. ¿...... es el paraguas de Juan?
10. ¿...... le preguntó el profesor?
11. ¿...... cosa te has comprado?
12. ¿...... es Vd.?
13. ¿...... es su profesión?
14. ¿...... nos recomienda Vd.?
15. ¿...... es su dirección?

## 339. Conteste a las siguientes preguntas

1. ¿Cuál es la misión de un guardia civil?
2. ¿Cuál es la misión de un policía nacional?
3. ¿Cuál es la misión de un guardia de tráfico?
5. ¿Cuál es la misión de un cobrador de autobús?
6. ¿Cuál es la misión de un cobrador de la luz?
7. ¿Cuál es la misión de un portero?
8. ¿Cuál es la misión de un bedel?

# Apuntes de clase

**340.** Transfórmense las siguientes frases, utilizando LLEVAR, HACER
o DESDE HACE, según los modelos

MODELOS:
{ *Llevo tres años estudiando inglés.*
*Hace tres años que estudio inglés.*
*Estudio inglés desde hace tres años.* }

1. Trabaja aquí desde hace dos meses.
2. Llevaba dos meses hablando con ella.
3. Llevan tres horas operando al enfermo.
4. Hace cinco minutos que está cantando.
5. Bebe sólo leche desde hace tres días.

**341.** Complete las siguientes frases usando el verbo entre paréntesis

1. Ella tenía que (darme) ......
2. Sigo (vivir) ......
3. Acabábamos de (ver) ......
4. Vd. se puso a (decir) ......
5. Volvió a (criticar) ......
6. Ha dejado de (tomar) ......
7. Llevaba (estudiar) ......
8. Vamos a (beber) ......

**342.** Ponga los verbos en cursiva en gerundio, o déjelos en infinitivo, según convenga al sentido de la frase

1. Llevo *vivir* ...... en España dos semanas.
2. Seguimos *pensar* ...... que está Vd. equivocado.
3. Acaban de *dar* ...... las doce.
4. Al principio no quería, pero acabó *ir* ...... al cine.
5. Dejaré de *trabajar* ...... cuando sea rico.
6. Esa máquina fotográfica viene a *costar* ......, con impuestos incluidos, unas 3.000 ptas.
7. ¡Vayan Vds. *entregar* ...... los ejercicios!
8. No vuelvas a *llamarme* ...... cobarde nunca más.
9. Andan *decir* ...... por ahí que vas a *casarte* ......
10. Ya te iré *pagar* ...... poco a poco.

**343.** Use la partícula necesaria para completar el sentido de estas frases

1. Tienes ...... ir al colegio.
2. Se puso ...... estudiar a las siete de la tarde.
3. Acabamos ...... recibir noticias suyas.
4. Volveremos ...... vernos el mes que viene.
5. Me gustaría dejar ...... fumar.
6. No llegaré jamás ...... comprenderle.
7. ¿Por qué te pones ...... cantar ahora?
8. Tiene Vd. ...... hacerlo sin falta.
9. Hay que volver ...... empezar.
10. Acababa ...... telefonearme cuando tú llegaste.
11. ¡Deje Vd. ...... decir tonterías!
12. Siempre le digo que nunca llegará ...... ser nada.
13. Vamos ...... pasarlo muy bien esta tarde.

**344.** Use la persona y tiempo adecuados de las perífrasis verbales HABER QUE o TENER QUE, según los casos

1. Ayer (yo) ...... llegar a casa temprano.
2. ...... tratar de solucionar este asunto.
3. Esta mañana (nosotros) ...... ir al banco.
4. En los años de la posguerra ...... trabajar mucho para poder vivir.
5. ¿Qué (nosotros) ...... hacer?
6. En un futuro próximo, ...... dejar el coche en casa.
7. En aquel momento, (ellos) no ...... hacer nada.
8. Entonces, (ellos) ...... salir a toda prisa.

**345.** Ponga UN-A-OS-AS en los casos en que sea posible o necesario

1. Sois ...... tontos por hacerle caso.
2. ¡No seáis ...... tontos!
3. Tendrá ...... cuarenta años.
4. Me iré dentro de ...... media hora, más o menos.
5. Santander está a ...... 400 km. de Madrid.
6. Era toda ...... mujer.
7. Ese obrero es ...... vago.
8. Estos señores son ...... católicos.
9. No salgo con Juanita porque es ...... cursi.
10. Tengo exactamente ...... 2.000 ptas. para terminar el mes.

**346.** Escríbase el acento sobre las palabras en cursiva que lo necesiten

1. Tengo *que* estudiar.
2. *¿Cual* de los dos prefiere Vd.?
3. Siempre iban *donde* les decían.
4. Venga Vd. *cuando* quiera.
5. No sé *como* ha sucedido esto.
6. La chica de la *cual* te he hablado es muy bonita.
7. *¿Que* le parece?

8. ¿Por *donde* se va a la Plaza Mayor?
9. Me preguntó *cuando* terminaba.
10. *Como* llegó tarde, no pudo cenar.
11. ¡*Que* venga!


### 347. Haga frases con las siguientes palabras, dejando claro su significado

jardín - huerta
fresa - cereza
tomate - pepino
coliflor - lechuga
judías - judías verdes
maíz - trigo
garbanzos - lentejas
cebada - avena - centeno

**Apuntes de clase**

unidad **53**

**348. Póngase una forma apropiada del artículo determinado en las siguientes frases**

1. ...... que me dices no me gusta nada.
2. Las películas del oeste son ...... que más me gustan.
3. Cuéntame ...... que ocurrió.
4. El vestido que se compró Juanita no me gusta, pero ...... que te compraste tú, me encanta.
5. ...... que han hecho esto deben de ser ladrones profesionales.
6. La compañera con ...... que vivo tiene un novio español.
7. ...... que nada bien es Pablo Kevin.
8. Tus amigos son ...... que lo saben.
9. ...... que pasaron las vacaciones en la playa están morenas.
10. Aquel alumno es uno de ...... que más sabe.

**349. Úsense los relativos QUE, QUIEN -ES, CUYO -A -OS -AS en las siguientes frases, según convenga**

1. La montaña ...... se ve desde aquí es muy alta.
2. La chica con ...... salgo es morena.
3. El guardia ...... está en la esquina nos puso una multa.
4. La firma Renault, ...... coches se venden mucho en España, es francesa.
5. ...... estuvo aquí fue Margarita.
6. Las cosas ...... dice no me interesan.
7. El hombre ...... esposa ha muerto se llama viudo.

8. ...... estudia, aprueba.
9. Las películas ...... ponen esta semana no me gustan.
10. He visto al muchacho de ...... me hablaste.


## 350. Sustitúyanse los relativos EL CUAL - LA CUAL - LOS CUALES - LAS CUALES, por otros de igual significado

1. La compañía para *la cual* trabajo es americana.
2. El libro de ejercicios que usé el año pasado, con *el cual* aprendí mucho, no me sirve ya.
3. Mis primos de Soria, *los cuales* no habían estado nunca en Madrid, llegaron ayer.
4. Las obras del teatro de vanguardia, *las cuales* suelen ser muy complicadas, me aburren.
5. Los libros de ese autor, *del cual* se oye hablar tanto, son muy caros.
6. La discoteca a *la cual* suelo ir está en las afueras de la ciudad.
7. Éste es el café en *el cual* nos conocimos.
8. Las costumbres de mi familia, *las cuales* han sido siempre bastante provincianas, están cambiando rápidamente en estos últimos años.


## 351. Colóquese el artículo determinado, indeterminado o neutro, donde sea necesario

1. En ...... fondo del mar hay plantas muy curiosas.
2. Tengo ...... amigo que es ...... dentista.
3. Hoy han elegido a ...... guapa de ...... año.
4. Ese tipo es ...... rico del barrio.
5. Les han dado ...... paliza tremenda.
6. Me pagó ...... cinco duros que me debía.
7. ¡Hablad en ...... voz baja, porque hay un enfermo!
8. A casi todos ...... niños les gusta ...... dulce.
9. ¡Qué ...... camisa más sucia llevas!
10. ¡Hay que ver ...... bien que te sienta ese peinado!

**352. Conteste a estas preguntas en forma negativa utilizando las formas NADIE, NADA, NUNCA, NINGUNO, según convenga**

1. ¿Hay alguien aquí? :
2. ¿Tienes algo que hacer? :
3. ¿Habéis ido alguna vez al Polo Norte? :
4. ¿Tienes Vds. alguna habitación libre en el hotel? :
5. ¿Quiere Vd. algo más? :
6. ¿Vive Vd. siempre en el campo? :
7. ¿Se ducha Vd. alguna vez después de comer? :
8. ¿Ha venido alguien esta mañana? :
9. ¿Tenéis algunas revistas extranjeras? :
10. ¿Te contó algo interesante? :


**353. Explique el significado de los siguientes modismos y expresiones con los verbos SACAR y PEGAR**

1. Te voy a sacar una foto.
2. Me pegó un susto de muerte.
3. Sacó el número uno en la oposición.
4. Se pegó un golpe contra la puerta de cristal.
5. A esta falda hay que sacarle un poco.
6. Esa música se pega mucho al oído.
7. Pedrito le saca ya cuatro centímetros a su padre.
8. Se pegó un tiro.

**Apuntes de clase**

**354. Ponga en estas frases uno de los siguientes relativos (EL, LA, LO, LOS QUE; QUIEN; DONDE; COMO; CUANDO), según convenga**

1. Eres tú ...... debe hacerlo; no yo.
2. Son estos libros ...... elijo, no aquéllos.
3. Es él a ...... deseo ver; no a ella.
4. Es con Vd. con ...... iré al notario.
5. Es de este libro de ...... saqué la cita.
6. Fue en Benidorm ...... pasé mis vacaciones.
7. Era por eso por ...... no quería volver a verle.
8. De este agujero es de ...... salió el ratón.
9. Por esta carretera es por ...... se va a Gerona.
10. Así es ...... debes hacerlo.
11. Mañana es ...... llega Mara Belén.

**355. Termine las siguientes frases usando una de las formas de relativo que aparecen en el ejercicio anterior**

1. Fuisteis vosotros ......
2. Es aquí ......
3. Fue ayer ......
4. Es contigo con ......
5. Era de Jaime de......
6. Es por esto por ......
7. Fue así ......
8. Es ella ......
9. Estos bombones son ......

**356.  Observe el modelo y haga lo mismo en las oraciones siguientes**

MODELO : *El hombre vino; el hombre era mi amigo = El hombre que vino era mi amigo.*

1. El guardia dirige la circulación; el guardia me puso una multa.
2. La chica es rubia; yo salgo con ella.
3. La calle es muy céntrica; yo vivo en esa calle.
4. Estos cigarrillos son baratos; yo fumo estos cigarrillos.
5. El programa de televisión era aburrido; ellos vieron ese programa.
6. El señor era maleducado; nosotros discutimos con él.
7. El locutor no es español; vosotros estáis escuchando su voz.
8. La mujer es francesa; yo estoy enamorado de ella.
9. El reloj era japonés; tú lo compraste.
10. La pensión era muy barata; nosotros vivíamos en ella.

### 357.  Léanse las siguientes frases

1. Sólo la 1/4 parte de la población española vive en el campo.
2. Estamos en la 2.ª mitad del siglo xx.
3. El abuelo del rey Juan Carlos fue Alfonso XIII.
4. No tengo que utilizar el ascensor porque vivo en el 2.º piso.
5. A las nueve de la mañana estábamos a 0º.
6. La máxima de hoy ha sido de 16º.
7. Hoy es 15 de agosto.
8. Hace una semana celebraron el 5.º aniversario de su boda.
9. El boxeador cayó en el 10.º asalto.

**358. Cambios de posición con inclusión de un pronombre personal. Repita las siguientes frases empezando por la parte en cursiva**

MODELO: El niño rompió *el vaso* → El vaso *lo* rompió el niño.

1. Este dependiente vendió *algunas corbatas*.
......
2. Ya hemos hecho *los ejercicios*.
......
3. Yo compro *el pan*.
......
4. La muchacha planchó *la falda*.
......
5. Ella barre *los suelos*.
......
6. Cervantes escribió *La Galatea*.
......
7. Juan dijo *esto*.
......
8. Tú echaste *las cartas* al correo.
......
9. Ellos terminaron *el trabajo*.
......
10. Ya he leído *esos periódicos*.
......


**359. Ponga la forma adecuada del verbo específico que necesite cada frase**

1. Cuando truena, (ellos) ...... mucho miedo.
2. Juan debe de ...... de vacaciones.
3. Voy a ...... mi dimisión ahora mismo.
4. Hay que ...... una decisión.
5. ¿Has observado que Leopoldo ...... mucho cuento?
6. Tiene cincuenta años, pero ...... muchos menos.
7. Me ...... hasta los huesos con la lluvia que cayó.
8. ¿Qué ...... en el cine Princesa esta semana?

**360. Explique el significado de los siguientes modismos y expresiones**

1. Se quedó con la boca abierta.
2. ¡No pierda los estribos!
3. Hay que jugarse el todo por el todo.
4. Me las arreglaré como pueda.
5. Se las da de listo.
6. Es mejor hacer la vista gorda.
7. No me gusta hacer el primo.
8. Me lo contó todo con pelos y señales.

# Apuntes de clase

**361. Ponga los verbos entre paréntesis en el tiempo y persona del indicativo que correspondan a las siguientes frases**

1. El año que viene se (vender) ...... muchos coches.
2. Hace diez años, se (comer) ...... más pan que ahora.
3. Se (alquilar) ...... pisos.
4. En un futuro muy próximo, se (establecer) ...... bases en la Luna.
5. En el año 1940, se (inaugurar) ...... este monumento.
6. Se (hablar) ...... inglés y francés.
7. Se (decir) ...... que está separada de su marido.
8. Se (prohibir) ...... pisar el césped.

**362. Use una de las formas en cursiva que considere correcta. Algunas oraciones admiten las dos posibilidades**

1. Esta carta *(fue escrita - se escribió)* por mi secretaria.
2. En mi casa *(es servida - se sirve)* la comida a las dos.
3. En la oficina *(eran recibidos - se recibían)* periódicos todos los días.
4. La Universidad *(fue cerrada - se cerró)* en enero.
5. El paquete *(ha sido enviado - se ha enviado)* por correo aéreo.
6. Esa canción *(ha sido premiada - se ha premiado)* en el último festival europeo.
7. El cuadro *(fue adquirido - se adquirió)* por un millonario.
8. En España *(son leídos - se leen)* muchos libros extranjeros.
9. El ladrón *(fue detenido - se detuvo)* el martes pasado.

**363. Transforme las siguientes frases activas en pasivas utilizando la pasiva tradicional o la forma con SE, según convenga**

1. El capitán anuló la orden del sargento.
2. Comentaron mucho el incidente.
3. Han arreglado la calefacción la semana pasada.
5. El pueblo entero costeó el monumento.
6. En el norte de España la gente come más que en el sur.
7. Entregaron las armas sin resistencia.
8. En los Estados Unidos la gente cambia de lugar muy a menudo.

**364. Ponga las siguientes frases en la voz activa**

1. La carta no fue recibida por el interesado.
2. Se construyó un nuevo puente sobre la autopista.
3. El informe fue enviado por el director general.
4. Se plantó rosales en el parque.
5. Se le puso una multa por aparcar mal.
6. El proyecto fue presentado por el ingeniero.

**365. Colóquese el artículo determinado, indeterminado o neutro en las siguientes oraciones, según convenga**

1. Dijo que llegaría ...... viernes.
2. Siempre está haciendo ...... ridículo.
3. ...... más sensato es no decir nada.
4. Tiene ...... hermano cura.
5. Se casó con ...... hombre muy trabajador.
6. Prefiere ...... arte a ...... literatura.
7. Esto es ...... grave del asunto.
8. ...... malo de la película muere al final.
9. La casa estaba en ...... alto de una colina.
10. Es ...... ignorante que no sabe nada de nada.

**366. Explique el significado de los siguientes modismos y expresiones**

1. Al final siempre se sale con la suya.
2. Lo pagamos a medias.
3. Tener resaca.
4. Poner los puntos sobre las íes.
5. Dar en el clavo.
6. Ir al grano.
7. No tener pelos en la lengua.
8. Meterse con alguien.

**Apuntes de clase**

**367. Ponga la preposición POR o PARA en las siguientes frases, según los casos**

1. Ese libro del que tú hablas está _para_ escribir.
2. ¿Está Vd. listo _para_ contestar a mis preguntas?
3. Luchó toda su vida _por_ sus ideales.
4. ¡_Por_ cierto!, ¿cuál es tu número de teléfono?
5. Le di las gracias _por_ el favor que me hizo.
6. Voy a la tienda _para_ cambiar este jersey.
7. _Para_ hacerse socio de ese club hay que ser presentado _por_ otros dos socios.
8. Se enfadaron _por_ algo que comentaste.

**368. Ponga la preposición POR o PARA en las siguientes frases, según los casos**

1. _Para_ mí, Grecia es un país muy atractivo.
2. Vendré _para_ tu boda.
3. _Por_ ahora no hay nada que hacer.
4. ¡Hombre, no es _para_ tanto!
5. Había colillas _por_ el suelo.
6. Paco dio la clase _por_ mí porque yo estaba enfermo.
7. No estoy _para_ bromas.
8. _Por_ ser andaluza no es muy morena.

| | |
|---|---|
| A la izquierda. | Por ahora. |
| Por cierto. | A lo mejor. |
| Por lo menos. | A la derecha. |
| De pronto. | A propósito. |
| A fines de. *chea* | A principios de. |
| Por lo visto. | A lo lejos. |

## 370. Ponga el infinitivo entre paréntesis en la forma y tiempo adecuados, añadiendo el pronombre átono que corresponda

1. (A mí) ...... (encantar) ...... la mermelada de moras.
2. Sospecho que (nosotros) no ...... (caer) ...... bien (a ellos).
3. ¿(A vosotros) ...... (apetecer) ...... unas gambas?
4. (A Vd.) ...... (quedar) ...... dos semanas para el examen de conducir.
5. ¡(A mí) ...... (faltar) ...... el bolso! ¿Dónde lo habré dejado!
6. ¡Paga tú la comida! ¡(A ti) ...... (sobrar) ...... el dinero!
7. Sé que tú ...... (gustar) ...... a Merche.
8. Esa falda (a ti) ...... (estar) ...... muy bien.
9. Lo siento, pero (tú) no (a mí) ...... (gustar) ......

## 371. Transforme las siguientes oraciones según el modelo

MODELO: (Le) entregué *los zapatos al zapatero* → Los zapatos *se los* entregué al zapatero → Al zapatero *le* entregué los zapatos.

1. (Le) he alquilado *esta casa a un amigo mío.*
2. (Les) había dado *el dinero a sus hijos.*
3. (Le) ha comprado *el coche a ese mecánico.*
4. Ya (les) han anunciado *la ceremonia a sus invitados.*
5. (Les) hemos explicado *la teoría a los alumnos.*

**372. Haga frases con las siguientes palabras, mostrando claramente la diferencia de significado**

gabardina - abrigo - impermeable
chaqueta - jersey
pijama - camisón
pez - pescado
esquina - rincón
boca - pico
pata - pierna

# Apuntes de clase

# CURSO INTENSIVO DE ESPAÑOL
## EJERCICIOS PRACTICOS

Niveles de **iniciación** y elemental (Fente, Fernández, Siles). Madrid, 1982. 282 páginas.

Clave y guía didáctica.

Niveles elemental e **intermedio** (Fente, Fernández, G. Feijóo, Siles). Madrid, 1983. 9.ª edición. 276 páginas.

Clave y guía didáctica.

Niveles intermedio y **superior** (Fente, Fernández Siles). Madrid, 1981. 11.ª edición. 244 páginas.

Clave.

# PROBLEMAS BASICOS DEL ESPAÑOL

**Perífrasis verbales** (Fente, Fernández, G. Feijóo). Madrid, 1979. 3.ª edición. 144 páginas.

**El subjuntivo** (Fente, Fernández, G. Feijóo). Madrid, 1981. 4.ª edición. 152 páginas.

**Usos de «se».** Cuestiones sintácticas y léxicas (Molina Redondo). Madrid, 1980. 3.ª edición. 144 páginas.

**Las preposiciones** (Luque Durán). Madrid, 1980. 3.ª edición:

Tomo I.—Valores generales. 184 páginas.

Tomo II.—Valores idiomáticos. 176 páginas.

**El artículo.** Sistema y usos (F. Abad Nebot). Madrid, 1977. 116 páginas.